本书出版受第 60 批中国博士后科学基金项目《生态损害预防视角下环境行政救济构造研究（2016M601572）》资助

法│学│研│究│文│丛
——环境法学——

生态损害预防视角下环境行政救济构造研究

王翠敏 著

知识产权出版社
全国百佳图书出版单位
北京

图书在版编目（CIP）数据

生态损害预防视角下环境行政救济构造研究／王翠敏著 .—北京：知识产权出版社，2022.5
ISBN 978-7-5130-8147-4

Ⅰ.①生… Ⅱ.①王… Ⅲ.①环境保护法—行政诉讼—司法制度—研究—中国 Ⅳ.①D925.304

中国版本图书馆 CIP 数据核字（2022）第 070151 号

责任编辑：彭小华　　　　　　　责任校对：王　岩
封面设计：智兴设计室　　　　　责任印制：刘译文

生态损害预防视角下环境行政救济构造研究
王翠敏　著

出版发行：知识产权出版社有限责任公司	网　　址：http://www.ipph.cn
社　　址：北京市海淀区气象路 50 号院	邮　　编：100081
责编电话：010-82000860 转 8115	责编邮箱：huapxh@sina.com
发行电话：010-82000860 转 8101/8102	发行传真：010-82000893/82005070/82000270
印　　刷：天津嘉恒印务有限公司	经　　销：新华书店、各大网上书店及相关专业书店
开　　本：880mm×1230mm　1/32	印　　张：7.625
版　　次：2022 年 5 月第 1 版	印　　次：2022 年 5 月第 1 次印刷
字　　数：200 千字	定　　价：68.00 元
ISBN 978-7-5130-8147-4	

出版权专有　侵权必究
如有印装质量问题，本社负责调换。

目录
CONTENTS

绪 论 ‖ 001

    一、研究背景 / 001

    二、国内外研究现状概述 / 002

    三、主要研究内容 / 003

第一章 生态损害预防视角下环境行政救济构造的理论诠释 ‖ 006

  第一节 环境的含义及环境行政行为的分类 / 006

    一、环境的含义 / 006

    二、环境行政行为的分类 / 010

  第二节 生态环境损害的含义与特征 / 013

    一、生态环境损害的含义 / 013

    二、生态环境损害的特征 / 015

  第三节 生态损害预防视角下环境行政救济的界定 / 019

一、传统行政救济的含义 / 019

二、环境行政救济概念的多重解读 / 020

三、环境法学界对"生态环境损害行政救济"的界定 / 022

四、生态损害预防视角下"环境行政救济"的界定 / 024

第四节 生态损害预防视角下环境行政救济构造 / 034

一、环境行政救济构造的含义 / 034

二、生态损害预防视角下环境行政救济构造研究的基本问题 / 036

第二章 生态损害预防视角下环境行政救济程序与功能 ‖ 040

第一节 行政规制型环境行政救济程序与功能 / 040

一、行政规制型环境行政救济的含义 / 040

二、生态损害预防视角下行政规制型环境行政救济的程序与功能 / 041

第二节 交涉互动型环境行政救济程序与功能 / 046

一、交涉互动型环境行政救济的含义 / 046

二、生态损害预防视角下交涉互动型环境行政救济的程序与功能 / 046

第三节 权利保障型环境行政救济程序与功能 / 064

一、权利保障型环境行政救济的含义 / 064

二、生态损害预防视角下权利保障型环境行政救济的程序与功能 / 064

第三章　生态损害预防视角下环境行政救济的实践探索 ‖ 075

第一节　行政规制型环境行政救济的实践探索 / 075
一、环境行政命令的执法实践 / 075

二、环境行政处罚的执法实践 / 078

第二节　交涉互动型环境行政救济的实践探索 / 080
一、环境行政调解的适用实践 / 080

二、生态环境损害赔偿磋商制度的适用实践 / 087

第三节　权利保障型环境行政救济的实践探索 / 108
一、环境信访的实践及现状 / 108

二、环境知情权和公众参与权的立法与适用实践 / 113

三、环境行政复议的实践及研究现状 / 122

四、环境行政诉讼的立法进程与实践 / 138

第四章　域外环境行政救济构造的经验借鉴
——以瑞典为例 ‖ 154

第一节　瑞典环境行政机关与司法机关在环境纠纷解决中的相互关系 / 155

第二节　瑞典环保法庭的主管范围——行政许可与诉讼 / 157
一、环境行政许可 / 157

二、环境行政诉讼 / 158

三、环境民事诉讼与环境刑事诉讼 / 158

四、环境群体诉讼 / 159

第三节　瑞典环境行政复议和行政诉讼中利害关系人的确定 / 160
一、环境行政复议与行政诉讼中利害关系人的界定 / 160

二、社团提起环境公益诉讼的原告资格 / 162

第四节　瑞典环保法庭中审判庭的组成与诉讼费用 / 163

　　一、环保技术专家组成的审判庭 / 163

　　二、诉讼费用 / 164

第五节　对瑞典环境行政救济构造与程序规则的分析与借鉴 / 165

　　一、中瑞两国环保法庭设置结构的比较分析 / 165

　　二、中瑞两国环保法庭程序规则的比较分析 / 170

第五章　生态损害预防视角下环境行政救济构造的体系化构建 ‖ 177

第一节　生态损害预防视角下环境行政救济构造的基本原则 / 178

　　一、预防优先原则 / 178

　　二、一体化原则 / 180

　　三、救济多样化原则 / 182

第二节　生态损害预防视角下环境行政救济路径的选择 / 183

　　一、行政路径优于司法路径的情形 / 183

　　二、司法救济路径适用的情形及其相互关系 / 187

第三节　生态损害预防视角下环境行政救济构造的制度完善 / 197

　　一、行政机关内部救济方式的功能协作与制度完善 / 197

　　二、监督型环境行政救济方式的功能协作与制度完善 / 202

　　三、公益、私益融合下的环境行政救济模式构建 / 215

参考文献 ‖ 220

绪 论

一、研究背景

环境侵害具有不可逆性，环境污染或生态破坏一旦发生，往往无法恢复，即使可以恢复也要付出极高的经济代价和时间成本。世界各国均在由污染物的末端处理政策转向预防性环境政策，相应地，纠纷救济领域也在加强预防性手段的运用。环境行政救济是监督行政机关依法履行环保职权，预防生态损害发生或避免生态损害扩大的第一道防线。环境法的特殊性决定了环境行政救济制度必然与传统行政救济制度有所区别，本书分析环境行政主体活动的属性与类型，从生态损害预防的视角提出环境行政救济程序结构搭建中应满足的要求。厘清行政权与司法权在行政救济程序中的运行规律，以现有环境行政救济类案例为素材，探究国外环境行政救济构造的特点，把握环境行政内救济程序、环境行政外救济即司法救济程序的特质和功能，厘清二者之间的关系，进而在程序搭建中避免救济的真空和程序间的重叠，使各项救济程序和谐、高效地运行，为预防和救济环境私益、环境众益和环境公益的受损提供便捷、完整和有效的程序设置。

二、国内外研究现状概述

各国环境行政救济程序设置的差别较大，相较环境民事救济程序更为复杂、多元和精细。大陆法系国家一般为公法、私法的二元救济体系，英美法系则为一元救济模式。英、美、法、德四国在历史上形成了各具特色的环境行政救济制度。如美国的独立监管机构❶、行政法官❷和环境公民诉讼，德国的行政异议、诉愿、复议申请和环境团体诉讼，法国在行政体系内设置了行政法院来

---

❶ 美国的独立监管机构是指由国会创立并对其负责，行使经济、社会监管职能的政府机构，采取委员会制，在机构权力上，其集准立法权、准行政权和准司法权于一身，在司法层面，其有权就监管领域相关案件进行裁决且这种裁决一般是就相关案件向法院提起诉讼的必经前置程序。参见王湘军、邱倩：《大部制视野下美国独立监管机构的设置及其镜鉴》，《中国行政管理》2016 年第 6 期；青锋、袁雪石：《美国纠纷解决的体制机制及其借鉴意义》，《行政法学研究》2011 年第 3 期。

❷ 美国行政法官是设立在行政机关中辅助集立法、执行和裁决权力于一体的机关形成决策并保证裁决公正性的角色，为增强行政法官的独立性，其获取报酬和晋升由工作机构之外的人事管理局负责，虽然行政法官附属于行政机关，不具有独立的机构和组织，他们既可能是记录的形成者，也可能是最终决定的作出者，更可能成为政策的形成者，他们将自己的复审工作和行政机关的工作融为一体，通过行政听证与复审，帮助行政机关解释政策、发展政策并真正有效地解决行政争议。以社会保障署中的听证法官的工作流程为例：州行政机关评估申请者初步的申诉，如果申诉被州行政机关拒绝（包括初步申诉和复议），申诉者有权要求联邦行政法官举行听证，行政法官采用重新审查式的考量，通过专家咨询，寻找更加翔实的证据，接受和拒绝申请。行政法官的决定只是初始和建议性的，最终的决定者是行政机关的首长。其在保障行政机关决策的程序公正性，中立地陈述案件的所有证据和法律问题，限制行政机关首长裁量权方面发挥着重要功能。也有部分州赋予行政法官最终决定权或者对行政机关修改、改变行政法官决定进行程序性限制。参见高秦伟：《行政救济中的机构独立与专业判断——美国行政法官的经验与问题》，《法学论坛》2014 年第 2 期。

处理环境行政纠纷等。此外，越来越多的国家如北欧四国、加拿大、澳大利亚、巴西和印度等均投入到环境司法专门化改革的行列中，并以此为契机对环境行政救济构造进行了改革。欧盟及其成员方是联合国欧洲经济委员会《公众在环境问题上获得信息、参与决策和诉诸司法的公约》（以下简称《奥胡斯公约》）的签署方，其中针对政府部门的环境决策和行政不作为提供司法救济的实施工作在某些方面为各成员方所搁置，欧盟委员会发起了欧盟各国如何实现有效环境司法的研究，对欧盟17个成员方实施《奥胡斯公约》第3款、第4款的情况和开展环境行政救济的有效性进行了评估分析。该项研究为我们洞悉欧盟主要国家环境行政救济程序的基本特点并探索环境行政救济程序构造中的域外经验提供了理论和实践支撑。

国内关于环境行政救济的研究相对薄弱，环境行政公益诉讼的研究继环境民事公益诉讼后开始受到重视。目前缺乏对环境行政救济程序的现状及存在问题进行科学、系统、全面的实证调研和对环境行政活动的类型化分析，缺乏从行政权和司法权的关系为切入点对我国当前环境行政救济构造概念、内容和功能等内容的系统研究成果。亟须在调研的基础上、通过比较研究和理论分析明确问题、梳理现状、发现问题并提出构建设想，以推动我国环境行政救济模式和程序的完善。

三、主要研究内容

行政救济是一个集合概念，有广义和狭义之分，狭义的行政救济属于行政机关内部监督机制的组成部分，是当事人不服行政决定，向行政机关请求予以撤销或变更的制度。广义的行政救济一般是指公民、法人或者其他组织认为行政机关的行政行为侵犯其合法权益,向法定有权机关提出,请求改正、补救的行政法律制度,包括行政复议、行政诉讼、信访、行政赔偿等一系列法律救济途径或者方式的总和。本书从广义的角度探讨环境行政救济的构造和程序设置。

(1) 环境行政救济构造的基础理论诠释。首先,以传统行政救济含义与分类的研究为基础,分析环境行政主体活动的属性与类型,明确环境行政救济的含义与分类。其次,从生态损害预防的视角提出环境行政救济构造的含义、内容和功能。明确环境行政救济构造研究的核心问题即行政机关提供的环境救济程序和司法机关提供的环境救济程序之间的配置关系、各具体环境行政救济程序内部之组成结构、主体之间的地位和关系。最后,分析目前影响我国环境行政救济构造的因素和搭建环境行政救济构造时应遵循的基本原则。

(2) 我国环境行政救济的实践探索与实证分析。首先,根据环境行政救济的分类,搜集环境行政主管部门和各级人民法院审结或在审的环境行政救济典型案例。其次,梳理并归纳环境行政救济在实践中的实现形式和其采用程序规则的基本特点。最后,剖析我国环境行政救济构造和具体程序设置中存在的主要问题。

(3) 国外环境行政救济构造的比较研究。首先,以瑞典为例,考察其环境行政机关与司法机关在环境纠纷解决中的相互关系。其次,比较分析瑞典与我国环境行政救济构造的共性与差异,为我国环境行政救济构造的整合与完善提供思路和可供借鉴的经验。

(4) 我国环境行政救济构造的思路和程序规则的完善。首先,澄清我国环境行政救济模式构建中面临的基本问题。其次,从生态损害预防的视角厘清环境信访、环境行政复议与环境行政诉讼关系的定位;从环境行政主体活动的类型出发对环境行政诉讼进行类型化的建构；从环境利益的分析框架出发，提出环境私益诉讼、环境民事公益诉讼的行政救济机制和环境行政公益诉讼关系的处理和程序衔接规则的设计思路；最后从生态损害预防的角度系统地提出我国的环境行政救济构造的思路和完善程序规则的立法建议。

以环境行政主体活动的属性和类型为逻辑起点，以司法权与行政权的关系为路径，从预防、修复为主的现代环境司法理念出发，通过对环境行政救济构造的基础理论的诠释，对现有环境行政救济类案例的实证研究瑞典环境行政救济模式的比较研究，探索适合我国的便捷、完整和有效的环境行政救济的构造，为我国环境行政救济程序立法的完善提供可行的建议。

第一章
生态损害预防视角下环境行政救济构造的理论诠释

第一节 环境的含义及环境行政行为的分类

一、环境的含义

（一）环境法学意义上的"环境"

"环境"是指与某一中心事物有关的周围事物、情况和条件。[1] 是相对于某中心事物而言的，中心事物不同，其内涵和外延也会相应发生变化，如以生物为中心的生物的环境、以人为中心的人的环境。"按照环境要素的形成与人类活动关系的不同，环境被区分为自然环境和人为环境。自然环境是指对人类的生存和发展产生直接和间接影响的各种天然形

---

[1]《现代汉语词典》，商务印书馆，2016，第86页。

成的物质和能量的总体"。❶ 人为环境是在自然环境的基础上经过人类的改造或由人类利用自然环境所提供的材料创造的各种物质实体的总称。城市、农村、名胜古迹、公园、风景游览区、疗养区等都是人为环境的组成部分。社会环境按照组成要素分为政治环境、经济环境和文化环境。社会环境的含义与自然环境不一致的，不宜把它与自然环境放在一起讨论，也不宜将其加入以自然环境为主要内涵的环境概念之中。❷

环境法所讲的环境以环境科学为依据，却又有别于环境科学中所指的环境，是指环境法加以保护的那部分物质的客观存在，即环绕着人类而存在的由自然因素所构成的物质环境。❸ 是围绕着人群的空间及其中可以直接、间接影响人类生活和发展的各种自然要素和社会因素的总体。❹ 目前，环境法学中尚未形成被普遍接受的环境概念。❺《中华人民共和国环境保护法》（以下简称《环境保护法》）第2条采用概括加列举的方式，规定环境是影响人类生存和发展的各种天然的和经过人工改造的自然因素的总体。首先，该概念确立了以人为中心的环境概念而非生态学意义上的环境概念。❻ 在承认自然是人类生存和发展的物质基础的同时，又承

---

❶ 组成自然环境的各个成分叫作环境因素或环境介质，由于环境因素很多，重要的环境因素叫作环境要素。参见蔡守秋：《环境资源法学》，湖南大学出版社，2005，第2页。
❷ 徐祥民主编《环境与资源保护法学》，科学出版社，2013，第2页；曹明德主编《环境与资源保护法》，中国人民大学出版社，2013，第4页；周训芳：《环境权论》，法律出版社，2003，第141页。
❸ 吕忠梅、高利红主编《环境法原理》，复旦大学出版社，2007，第2-3页。
❹ 中国大百科全书编辑部：《中国大百科全书·环境科学》，中国大百科全书出版社，2002，第134页。
❺ 徐祥民主编《环境与资源保护法学》，科学出版社，2013，第5页。
❻ 生态学是研究有机体与其周围的环境之间关系的科学。参见尚玉昌：《普通生态学》，北京大学出版社，2002，第1页。

认人类活动对于自然的重大影响，确立了人类在环境中的中心地位，规定了人的环境权利和环境资源所有权，规范人类对于环境的行为。❶ 其次，《环境保护法》中的环境概念包括自然环境和经过人工改造的环境即工程环境，不包括政治、经济、文化等社会环境；最后，《环境保护法》认为环境是影响人类生存和发展的因素的总体。环境"是由一定数量、结构和层次的自然因素所构成的具有一定生态功能的物流和能流的统一体，即环境是一个整体的概念，而非一定数量的简单的叠加；并非所有围绕于人的自然存在均能成为环境"❷；最后，环境的享受主体为人类，表明环境的享受主体是广泛的，绝不是个体。

（二）生态学意义上的"环境"

生态学是研究生物与环境、生物与生物之间相互关系的一门生物学的基础分支学科。❸ 生态学所称的环境是指某一特定生物体或生物体群体以外的空间及直接、间接影响该生物体或生物群体生存的一切事物的总和。❹ 在生态学中的环境概念，以生物为中心（包括动物、植物、微生物），着眼于生物种群之间、有机物和无机物之间的影响和消长。生态问题往往是指由于生物种群消长或外部环境的变化而对其他物种及其共同所构成的系统整体的影响。❺ 自然界所有部分都与其他部分及整体相互依赖、相互作用。"人类是大自然的有机组成部分，是生命之网中的一个节点，是世

---

❶ 吴会军：《环境法中环境概念初步分析》，《湖北成人教育学院学报》2006年第1期。
❷ 邹雄等：《环境侵权法疑难问题研究》，厦门大学出版社，2010，第3页。
❸ 施维林、张艳华、孙立夫编著《生态与环境》，浙江大学出版社，2006，第8页。
❹ 尚玉昌：《普通生态学》，北京大学出版社，2002，第7页。
❺ 巩固：《"生态环境"宪法概念解析》，《吉首大学学报》（社会科学版）2019年第5期。

间万物生态链条中的一环",❶而非环境的主宰者,应赋予花、草、树木、野兽、露出地表的岩石和清新的空气以法律上的权利。1982年《世界自然宪章》序言中提到:每种生命形式都是独特的,不管它对人类的价值如何,都应当受到尊重。此种观点摆脱了最终对人类利益的满足,着眼于自然内在的价值。这种思想摒弃了数千年来在法律原则中贯彻的人类中心主义内涵,昭示着生态伦理对法律的渗透。没有自然界就没有人类,人类通过保护自然来保护自己,尽管人类生存这个最高目标仍然是以人为中心,人类却不再视为在自然界之外或之上,而是与自然相互联系、相互依赖的一部分。应把维护生态系统与保护人类的生存与发展结合起来,作为环境法的目标,因此在环境概念的界定上既应包括对人类的生存和发展有密切关系的环境要素,也应包括独立存在的整体的生态环境。❷

(三)"生态环境"概念的证成

在早期阶段,"生态"与"环境"在视角、范围、内容上都具有明显的不同,但在指代的对象上具有同一性,即人类及其他物种共同栖身的客观外部世界。当我们把视野放宽,从影响人类生存和发展的"环境"拓展到包括人类及其他物种既斗争又合作、此消彼长、动态平衡下共同生存和发展的"环境",传统意义上的"环境"概念与生态学意义上的"环境"概念的差异将不复存在。将"生态"与"环境"两词组合而成生态环境表达对整个客观外部世界的指称,外延更加广泛,突出平衡为基点的系统论视角,

---

❶ 吴贤静:《"生态人":环境法上的人之形象》,中国人民大学出版社,2014,第126页。
❷ 吴会军:《环境法中环境概念初步分析》,《湖北成人教育学院学报》2006年第1期。

标志着我国的环境保护范围由生活环境向自然环境扩展、由污染防治向生态保护扩展。❶

二、环境行政行为的分类

环境行政行为是行政主体依法对特定、不特定的公民、法人或者其他组织实行环境管理，可直接或间接产生行政法律后果的行为。❷ 对于行政行为概念的界定，学界存在很大的分歧，对于行政行为的分类也并不一致，按照不同的标准对行政行为的分类对于深入认识行政行为的构造具有积极意义。结合环境管理和环境法治建设的实践，对于环境行政行为可以划分为以下几类。

（一）抽象环境行政行为与具体环境行政行为

行政手段在环境保护中有着非常重要的作用。环境行政行为属于环境法律行为的一种，依其对象是否特定可以分为抽象环境行政行为和具体环境行政行为。抽象环境行政行为是环境行政主体以不特定的人或事为对象所实施的行政行为，一般表现为规范性文件的形式，包括环境行政立法（如环境行政法规、部门规章及地方性环境行政规章）和其他规范性文件（如环境行政机关及其相关部门发布的其他具有普遍约束力的决定、命令）的制定活动。有时也以非规范性文件的形式出现，如针对不特定人或事一次性适用的决定、决议或通知等。❸ 具体环境行政行为是环境行政主体以特定的人或事为对象所实施的行政行为，不可反复适用。如环境行政审批（许可）、环境行政处罚、环境行政强制、环境行

---

❶ 巩固：《"生态环境"宪法概念解析》，《吉首大学学报》（社会科学版）2019 年第 5 期。

❷ 杨延华：《论具体环境行政行为》，中国环境科学出版社，1996，第 13 页。

❸ 蓝文艺：《环境行政管理学》，中国环境科学出版社，2004，第 223 页。

政指导、环境行政合同等。修改后的《中华人民共和国行政诉讼法》（以下简称《行政诉讼法》）未将行政法规、规章或者行政机关制定、发布的具有普遍约束力的决定、命令纳入人民法院行政诉讼的受案范围，但规定了行政规范性文件附带审查制度。公民、法人或者其他组织认为行政行为所依据的国务院各部门和地方人民政府及其部门制定的规范性文件不合法，在对行政行为提起诉讼时，可以一并请求对该规范性文件进行审查，但不含规章。人民法院认为规范性文件不合法时，可以不作为认定行政行为合法的依据，并向制定机关提出处理建议，可以抄送制定机关的同级人民政府或上一级行政机关。

（二）羁束环境行政行为和自由裁量环境行政行为

按照具体环境行政行为❶受法律规范拘束的程度不同，环境行政行为可以分为羁束环境行政行为和自由裁量环境行政行为。羁束环境行政行为是指环境行政主体不能自行选择而是需要依据环境法律、法规对于行政行为的范围、条件、形式、程度、方法等作出环境行政行为，当法定的事由和情形出现时，行政主体应当或者必须实施具体行政行为。自由裁量环境行政行为是指环境行政主体可以在法律、法规规定的幅度或范围内，根据立法的精神和目的结合案件的具体情况自行选择、裁量作出环境行政行为。人民法院审理行政案件，对行政行为是否合法进行审查。在我国对于自由裁量的行政行为，一般不予审查，只是在行政处罚显失公正时才有权进行变更。

---

❶ 部分学者认为羁束行政行为和自由裁量行政行为是对具体行政行为的分类，而非针对所有行政行为。参见胡建淼：《行政法教程》，杭州大学出版社，1990，第28—29页；应松年主编《行政法学新论》，中国方正出版社，1999，第235—236页。

(三) 处理性环境行政行为和非处理性环境行政行为

根据行政权力的行使方式，将行政行为分为处理性环境行政行为和非处理性环境行政行为。前者是环境行政主体针对行政相对人就具体事宜单方面作出的高权性的要式行政行为；❶ 后者是环境行政主体采用协商、合作等不具有强制命令性质的方式与行政相对人共同达成行政目的，不直接产生影响行政相对人权利、义务内容的行政行为。处理性环境行政行为属于强制性行政管理方式，仅在环境问题发生后实施强制性处罚，这种方式没有办法做到环境损害的事前预防，在应对具有综合性和多元性的环境问题时缺乏灵活性。非处理性环境行政行为采取非强制性、非命令的方式、手段，通过双向性的互动与沟通共同达致环境保护的行政目的，主要包括环境行政指导、环境行政契约、环境行政奖励、环境行政调解、企业环境信用评价等。❷ 部分学者将其称作柔性行政行为、非强制性行政行为。非处理性环境行政行为对预防环境公共利益受到损害起到无法替代的作用，是全过程防治理念的实现途径之一，有助于增强公民维护环境利益的主动性。

(四) 授益环境行政行为和负担环境行政行为

以环境行政行为对有关公民有利或者不利的法律效果为标准可以分为授益环境行政行为和负担环境行政行为。前者是环保行政主体为行政相对人设定权益或者免除义务的行政行为。如颁发排污许可证、审批通过环境影响评价文件、颁发环保设施验收合格证等。后者是指环保行政主体实施的对行政相对人予以不利益

---

❶ 宋功德：《聚焦行政处理——行政法上熟悉的陌生人》，北京大学出版社，2007，第39页。

❷ 陈明义、邹雄：《非处理性行政行为保障环境公共利益研究》，《东南学术》2015年第2期。

或侵犯相对人权益的行政行为,又称不利行政行为或损益行政行为,如对相对人的行政处罚、征收排污费等。有些环境负担行政行为不以违法行为为前提,如撤销排污许可证,拒绝审批通过环境影响评价等,有些环境负担行为以违法行为存在为前提,如责令停产停业、没收违法所得等。❶

第二节 生态环境损害的含义与特征

一、生态环境损害的含义

生态环境损害还不是我国环境保护法律中的概念,随着我国生态环境损害赔偿制度改革的推进,明确生态环境损害的概念是判断应否承担生态损害赔偿责任的标准,是构建我国生态环境损害赔偿制度的逻辑起点。2017 年 12 月,中共中央办公厅和国务院办公厅下发的《生态环境损害赔偿制度改革方案》中将生态环境损害界定为因污染环境、破坏生态造成大气、地表水、地下水、土壤、森林等环境要素和植物、动物、微生物等生物要素的不利改变,以及上述要素构成的生态系统功能退化。生态环境损害特指人为的活动已经造成或者可能造成人类生存和发展所必须依赖的生态(环境)的任何组成部分或者其任何多个部分相互作用而构成的整体的物理、化学、生物性能的任何重大退化。❷ 还有的学者认为生态环境损害是指人为污染环境而造成环境质量下降、自

---

❶ 胡静、姚俊颖:《提起环境公益诉讼是环境监管部门的新职责》,《环境经济》2013 年第 1 期。
❷ 竺效:《生态损害综合预防和救济法律机制研究》,法律出版社,2016,第 63 页。

然功能退化以及自然资源衰竭的不良变化。❶ 生态环境损害是一种区别于传统私益环境侵权法律责任的新型的环境损害责任（见图1），越来越多的学者关注这类新型损害，有的学者认为上述界定仍然属于生态环境损害的科学概念，部分学者在界定时没有排除因自然原因引起的生态环境损害，部分学者将具有真包含关系的环境要素和生物要素并列用于界定该概念，同时存在法律属性不明、规定性语词定义缺失，对象范围模糊、法律后果缺席的缺陷，既没有权利义务的内容规定，也没有法律后果的内容规定，认为法律意义上的生态环境损害应当是指公民、法人和其他组织污染环境或者破坏生态，导致生态失衡或者生态系统功能退化，应当承担生态环境修复或者生态环境损害赔偿的环境违法行为。❷ 生态环境损害的客体是一定地域居民所共有的生态系统功能或者生态平衡。某些行为即使不对任何人身、财产及"生活环境"产生影响，也可能由于对生态系统、环境要素甚至个体生物的侵害而担责，如生态环境损害的修复与赔偿制度、环境资源税费制度、刑法中的破坏自然资源罪等。

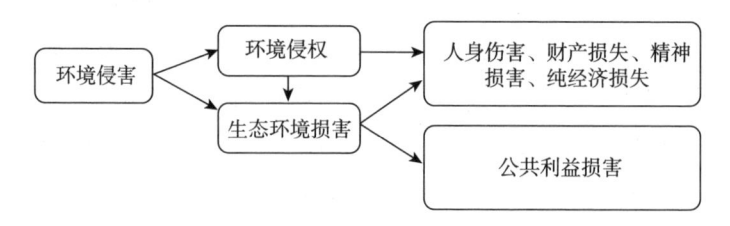

图 1　生态环境损害与环境侵权关系

---

❶ 柯坚：《环境法的生态实践理性原理》，中国社会科学出版社，2012，第 218 页。
❷ 南景毓：《生态环境损害：从科学概念到法律概念》，《河北法学》2018 年第 11 期。

二、生态环境损害的特征

（一）加害主体和受害主体的不平等性与不特定性

现代社会的生态环境侵害，加害人多为国家机构、公共团体、现代企业或者其他组织，拥有雄厚的经济实力和信息优势，生态环境的损害核心是"环境要素的不利改变"和"生态系统功能的退化"，既包括"环境"的损害，也包括资源的损害，可能一定时期内无直接受害人的存在，也可能经过一系列的转化、代谢、富集等一系列中间环节后开始对不特定多数人的公共生存环境造成不利影响，该概念不包含环境损害造成的人身损害、财产损失、精神损害和纯经济损失。受害的不特定主体多为欠缺规避和抗衡能力的社会成员。企业的巨型化、高科技化，使弱小的社会不特定多数人、环保社会组织常常因为资金的缺乏和不具备收集于己有利的必要证据的能力而成了获得司法救济的障碍。生态环境加害人往往不是给某一地区环境造成损害的一个人、一家企业，而是不特定多数人或企业所实施行为综合作用的结果。生态环境侵害的对象往往是相当范围内不特定的多数人和物。被侵害者的数量和范围往往难以确定。生态环境损害不特定性的表现为非特定众多污染源的复合污染对相当区域生态系统功能造成侵害，进而对不特定的多数人的多种权益的同时侵害。❶受害主体只有通过寻求与加害方的联合方可达到一种力量的均衡。

---

❶ 王明远：《环境侵权救济法律制度》，中国法制出版社，2001，第 18 页。

(二)生态环境损害具有公益性,且容易衍生出公、私益并存的复杂环境纠纷

生活中的环境侵害兼具私益性和公益性,可以分为三种形式:一是无直接受害人的存在,如全球气候变暖、生物多样性丧失、土地退化;二是对不特定多数人的环境侵害;三是对特定人的环境侵害。相对应的环境侵害也可分为三类:侵犯全人类利益的国际环境侵权;侵犯公益的环境侵权;侵犯私益的环境侵权。❶上述分类是以人类为中心的视角,以环境损害发生后对人类的影响作为分类标准。黄锡生教授在传统的环境侵权概念之外提出了"生态侵权"。认为生态侵权与环境侵权是两个完全不同的概念。是指行为人在开发、利用自然环境的过程中造成生态损害(生态系统的物理、化学或生物等方面功能的严重退化或破坏)而应承担民事责任的行为。首先,从侵害的客体来看,传统的环境侵权侵害的是私法上的人身、财产权益,生态侵权侵害的是一定地域内居民所共有的生态系统功能;其次,侵权的方式不同,环境侵权是通过向环境介质排放污染物或不正当的开发行为引发环境污染或生态破坏进而造成他人的人身、财产权益遭受侵害。而生态侵权的侵害方式是行为人向环境要素排放污染物或进行不当开发引发复杂的物理、化学、生物反应,从而导致生态系统功能的退化。再次,救济途径不同,前者是通过民事私益诉讼,多为涉及多数人的众益诉讼,救济目的是私益;后者是通过公益诉讼,救济目的是公共利益;最后,行使权利的主体和救济的性质不同,前者是人身权、财产权遭受侵害的具体当事人或其选定的代表人,后

---

❶ 吴继刚:《环境侵权的类型探析》,《山东师范大学学报》(人文社会科学版) 2003 年第 6 期。

者是不特定公众；前者是私法救济、后者是社会法救济。❶ 环境资源的公共属性决定了其保护必须采取集体行动，运用行政管理等公法手段。

传统民法中的环境侵权仅指侵犯他人人身权、财产权的行为。而环境侵权在人的利益损害之外存在对环境媒介的损害，人的损害只是受损害的环境导致的损害中的一部分，人类的环境行为必然产生环境影响，但并非所有的环境行为都会产生人的利益损害。❷ 环境的公共性决定了环境侵权纠纷在很多情况下与公共利益有着或多或少的联系，总是纠缠于公益与私益之间，是私益和公益的混合存在。在实践中，环境纠纷除了单纯的公共利益的聚集，还有的是单纯的多人私益的聚集，部分学者将其称为"多人公益"。这种利益分属于多个人中的每个人，只能由多数人中的个体来享有，原本是多个主体的个人利益，其首要的目的在于争取更多的救济和赔偿。❸ 有的通过保护私益达到维护公益的目的❹，有

---

❶ 黄锡生、段小兵：《生态侵权的理论探析与制度建构》，《山东社会科学》2011年第10期；邹雄：《环境侵权法疑难问题研究》，厦门大学出版社，2010，第21—22页。

❷ 徐祥民、邓一峰：《环境侵权与环境侵害——兼论环境法的使命》，《法学论坛》2006年第2期。

❸ 如日本的水俣病诉讼。参见吕霞：《环境公益诉讼的性质和种类——从对"公益"的解剖入手》，《中国人口·资源与环境》2009年第3期。

❹ 例如，2003年渔场职工马某承包龙阳湖进行渔业养殖，由于周边几十家企业、工厂大肆排放污水，加上周边居民大量的生活污水未经污水处理直接排入湖内，导致龙阳湖水水质日益恶化，自承包以来每年都会发生大面积死鱼事件。最终导致龙阳湖完全不能养鱼。马某选择了周边几家大型排污企业向汉阳区人民法院提出民事诉讼，要求排污企业共同承担因环境污染造成的经济损失239万元的民事赔偿责任。同时追加了负有生活污水处理责任的武汉市水务集团公司、城建开发公司和生活污水处理厂等国有企业作为民事诉讼的共同被告。该案属于公益隐含在私益诉讼中得到部分或全部的实现。参见杨凯：《从三起环境关联诉讼案例看环境公益诉讼之开端——在私益与公益诉讼之间徘徊的环境权益保护司法救济模式之选择》，《法律适用》2010年第Z1期。

的通过维护公益以求保护私益❶。个体的环境受害者的利益诉求具有代表社会共同体利益的性质,其在作为多人众益的代表主张众多人私益的同时可以制止违法行为,进而达到直接保护集体公益的目的。❷

(三) 生态环境损害具有潜伏性和广泛性,应实行预防与救济并重

生态环境损害在很多情况下是长期累积的结果,具有较长的潜伏期,往往是众多非特定的污染源经过长期富集后对某一区域的生态系统功能或生态平衡造成破坏,进而对不特定多数人的环境权益造成侵害。环境状况具有不可逆性,生态环境损害一旦发生,往往是无法恢复的,无论是身心健康还是自然环境的生态平衡,即使可以恢复也要付出极高的经济代价和时间成本。当今世界各国都由污染物的末端处理政策转向预防性环境政策。生态环境侵害领域自然也应加强预防性手段的运用。传统侵权行为法要求侵权行为必须是已造成损害为前提,而在环境侵权行为中,有些侵权行为的发生需要经过一段时间,经由多种因素的累积、复合之后才能产生损害后果。环境侵权的后果往往是各种因素累积并经过相当长的时间的作用后才逐渐显示出其危害性,并且其造

---

❶ 例如,2009年6月因江苏江阴港集装箱公司在作业过程中随意排放、冲刷铁矿石粉尘造成污染,朱某代表周边居民与中华环保联合会共同提起诉讼,后该案以调解结案。该案被认为是我国环境公益诉讼的破冰之旅,即通过维护公益达到保护私益的目的。参见鲍小东:《环境公益诉讼"里程碑式"破局》,载《南方周末》(电子版) 2011年11月1日。美国1997年发生的为保护海龟的生存环境而依据《美国濒危物种法》提起的请求禁止联邦紧急事态管理局在一海岛修建居住设施的诉讼也是没有争议的公益诉讼。参见吕霞:《环境公益诉讼的性质和种类——从对"公益"的解剖入手》,《中国人口·资源与环境》2009年第3期。
❷ 苏永钦:《走入新世纪的私法自治》,中国政法大学出版社,2002,第12页。

成的损害是持续不断的，不会因为侵权行为的停止而停止。❶ 环境侵害的成立不仅可表现为已经造成了损害事实，也可表现为尚未造成实际损害，但极有可能造成损害之状态。❷ 生态环境领域应注意预防性的侵害排除手段，以行政救济性的手段防止环境侵害的发生。以危害事实而非损害结果作为生态环境侵害行为的构成要件，符合环境问题的自身特点和加强预防性环境救济的现实需要。如果以损害结果作为生态环境侵害行为的构成要件，则只能在损害结果发生后采取补救性的损害赔偿或对正在反复发生的损害采取排除危害的防范性措施，无法在有造成损害之可能，但损害尚未发生前采取防止侵害的预防性措施。❸

第三节 生态损害预防视角下环境行政救济的界定

一、传统行政救济的含义

传统行政救济是指行政相对人或利害关系人认为行政主体的不当或者违法的行政行为侵害或将要侵害自己的合法权益，或者因行政行为而遭受财产损失的人，请求有关机关纠正或者补救损害的法律制度。❹ 传统行政救济是为行政相对人在其权益受到侵害

---

❶ 侯怀霞：《私法上的环境权及其救济问题研究》，复旦大学出版社，2011，第136页。
❷ 夏凌：《环境纠纷处理中的公共利益——兼论法官的作用》，载张梓太主编《环境纠纷处理前沿问题研究中日韩学者谈》，清华大学出版社，2007，第74页。
❸ 王明远：《环境侵权救济法律制度》，中国法制出版社，2001，第11、12、18页。
❹ 张锋：《行政救济初探》，《法学杂志》1989年第2期；林莉红：《香港的行政救济制度》，《中外法学》1997年第5期。

时维护自身合法权益设置的救济途径,对于监督行政主体依法行政,控制权力滥用,维护行政相对人的合法权益具有重要意义。行政救济是一个集合概念,有广义和狭义之分,狭义的行政救济属于行政机关内部监督机制的组成部分,是行政相对人或利害关系人不服行政决定,在其合法权益受到行政机关的违法失职行为侵犯后,向行政机关请求予以撤销或变更的法律制度,❶ 如申诉❷、行政复议、行政补偿、赔偿、行政监察等。广义的行政救济一般是指公民、法人或者其他组织认为行政机关的行政行为侵犯其合法权益或者可能受到侵害时,向法定有权机关提出,请求改正、补救的行政法律制度,除包括狭义的行政救济方式外,还包括行政诉讼,是一系列法律救济途径或者方式的总和。行政救济是一个学理概念,学界对于行政救济一词的界定会基于不同国家政治制度和法律传统的差异而有所不同,但概念界定中有一些达成共识的基本特征:一是行政救济是行政相对人或者利害关系人因行政行为而受到或可能受到的损害而启动的一种恢复或补救方法;二是行政救济的对象或者救济权的享有主体是受行政行为影响的行政管理相对人或利害关系人;三是行政救济针对的是不当的或者违法的行政行为。

二、环境行政救济概念的多重解读

按照传统的行政救济概念,环境行政救济应当是指行政相对

---

❶ 林莉红:《香港的行政救济制度》,《中外法学》1997 年第 5 期。
❷ 申诉主要是指公民、法人或者其他组织对国家机关作出的处理决定不服时,依照法律规定向相应的国家机关提出请求重新处理的行为。可以分为两类:一类是司法申诉,即针对司法机关作出的处理决定而提出申诉;另一类是其他申诉,即针对其他国家机关作出的处理决定而提出的申诉。参见谭金生:《信访、涉法涉诉与申诉之关系辨析》,《山西省政法管理干部学院学报》2017 年第 4 期。

人或利害关系人认为环境行政主体的不当或者违法的行政行为侵害或将要侵害自己的合法权益，或者因行政行为而遭受财产损失的人，环境行政救济是行政相对人或者利害关系人因环境行政行为而受到或可能受到的损害而启动的一种恢复或补救方法；二是环境行政救济的对象或者救济权的享有主体是受环境行政行为影响的行政管理相对人或利害关系人；三是环境行政救济针对的是不当的或者违法的环境行政行为。

　　环境行政救济一词从其产生之初就有部分学者提出了与传统行政救济内涵不同的解读，将关注的重点放到环境上，王明远教授从"环境侵权"❶的特殊性出发，认为环境侵权救济法律制度包括环境民事救济法和环境行政救济法，环境侵权行政救济法包括环境侵害的行政排除法、环境侵权损害的行政补偿法❷、环境民事纠纷的行政处理法、环境侵权损害的国家赔偿法（如图 2 所示），其中环境侵害的行政排除法包括公众参与环境行政过程，环境行政复议、环境行政诉讼以及公益诉讼。❸ 2012 年前的研究成果中有部分学者在沿用传统环境行政救济概念的同时，提出"环境纠纷行政救济"的概念，是指借助行政权力来处理环境民事纠纷，主

---

❶ 环境侵权是否包含环境权益的损害向来观点不一，有狭义的环境侵权与广义的环境侵权概念之争，广义的环境侵权既包括可能造成的人身权、财产权等民事权益为内容的私益损害，也包括可能造成的公众环境权益损害。王明远教授 1992 年出版的著作中认为环境侵权是指因产业活动或其他人为原因致使环境介质的污染或破坏，并因而对他人人身权、财产权、环境权益或公共财产造成损害或有造成损害之虞的事实。王明远教授认为环境侵权的概念的客体除了包括人身权、财产权外，还应当包括环境权益，侵权法应当对环境损害有所回应。参见胡保林等主编《环境法新论》，中国政法大学出版社，1992，第 315 页。
❷ 生态环境损害是涉及社会不特定多数成员的社会公共利益，需要社会成员共同消化和分担，需要社会化的救济方式，而公共补偿就是行政救济的方式之一。
❸ 王明远：《环境侵权救济法律制度》，中国法制出版社，2001，第 35 页。

要包括环境行政调解、环境行政裁决和环境信访。❶ 如果说传统的行政救济概念关注的是违法的或者不当的环境行政行为，环境法学者对于环境行政救济概念则进行了扩张性解读，其出发点和关注的对象是"环境"，即所有有助于环境侵害的预防和损害扩大的阻止的方式均被纳入环境行政救济的范畴。

```
                         ┌─────────────────────┐
                         │  环境侵害的行政排除法  │
                         └─────────────────────┘
                         ┌─────────────────────┐
  ┌──────────────┐       │ 环境侵权损害的行政补偿法 │
  │ 环境侵权行政   │──▶   └─────────────────────┘
  │   救济法      │       ┌─────────────────────┐
  └──────────────┘       │ 环境民事纠纷的行政处理法 │
                         └─────────────────────┘
                         ┌─────────────────────┐
                         │ 环境侵权损害的国家赔偿法 │
                         └─────────────────────┘
```

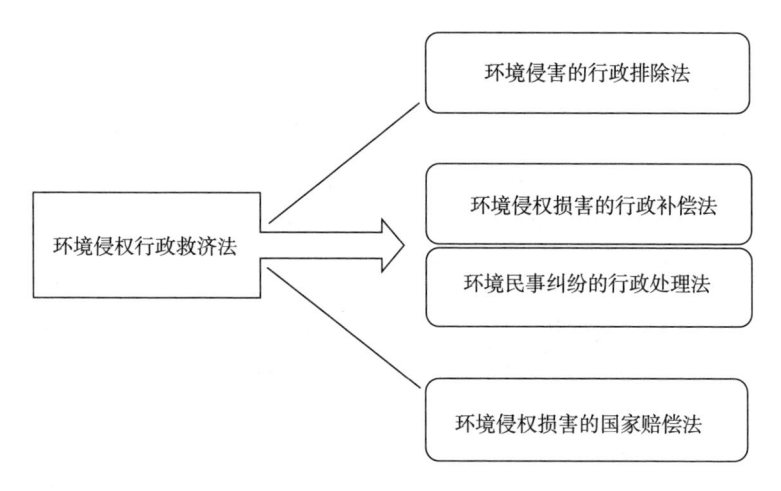

图 2　环境行政救济的扩张性解读

三、环境法学界对"生态环境损害行政救济"的界定

在 2012 年，生态环境损害的救济问题逐渐成为探讨的热点，越来越多的学者认为传统的环境侵权概念无法涵盖生态环境损害，提出应当为生态环境的损害建立区别于传统环境侵权（私益性）的救济方式。2012 年，在环境民事公益诉讼上升为立法成为关注的焦点的同时，一些学者提出了不应忽视行政手段在生态环境损害救济中的优先地位。不少环境法研究者在表述"生态环境损害

---

❶ 李冬梅：《健全环境纠纷行政救济机制研究》，《中国国情国力》2011 年第 1 期。

行政救济"时，将其界定为环境行政主管部门运用行政权力，对生态环境损害行为进行制止、纠正和惩罚，要求生态损害责任人停止、纠正损害生态环境的行为、采取避免生态损害扩大的措施以及修复受到损害的生态环境，从而使公众的环境权益免于遭受侵害获得保护的活动。❶ 从实体法的角度看，现有承担生态环境救济功能的主要是环境法所规定的环境民事责任和环境行政责任。传统的民事责任中的恢复原状、排除妨害主要是通过对环境损害的排除来实现的，因此对于环境损害具有间接的救济功能。环境违法行为的救济手段本质上是通过行政强制或者行政处罚等行政规制手段的运用对污染者和其他责任人科以预防生态损害发生及扩大和环境修复的义务，保障生态环境公共利益的实现，能够对生态环境损害进行救济的行政规制手段主要有环境行政命令、环境行政处罚和行政磋商制度等，❷ 具有简便、迅捷的优点，有利于预防或尽快纠正、恢复或者弥补生态环境损害或受害人的损害。上述行政规制手段均具有制止和预防生态环境损害的功能，但罚款的数额与生态环境的修复成本相比，往往是微不足道的。❸ 上述对于"生态环境损害行政救济"的界定与传统的界定完全不同，是以生态损害的预防和保护为出发点，通过行政规制为手段对污染者或者责任人科以预防损害发生及扩大和修复环境的义务来保障预防和修复的实现。

---

❶ 谢玲：《生态损害行政矫正的概念厘定与功能界分》，《重庆大学学报》（社会科学版）2019 年第 5 期。作者主张为避免与传统行政救济概念相混同，应将环境行政部门运用行政权对生态损害进行制止、纠正与惩罚的行为称作生态损害的行政矫正，不应称作生态损害行政救济。
❷ 徐以祥：《论生态环境损害的行政命令救济》，《政治与法律》2019 年第 9 期。
❸ 陈太清：《行政罚款与环境损害救济——基于环境法律保障乏力的反思》，《行政法学研究》2012 年第 3 期。

四、生态损害预防视角下"环境行政救济"的界定

(一) 救济语义的多变性

救济本身是一个多变的语词,在任何一个逻辑严密的问题上,特别是法律问题上语词的多变性对于清晰的思维和明确的表达都是一种危险。❶ 在汉语大辞典中,救济的基本含义是用金钱或物资帮助生活困难的人。《牛津英语大词典》中救济有两层语义,一是对于身体或者精神中的疾病或者紊乱的治疗,减轻疼痛和促进机体恢复的药物和治疗方法;二是纠正、矫正或者消除不良事物的方法。❷

救济在法律研究领域的范围和含义也处于不确定状态,学者们根据自己的研究主题往往在不同的语义上使用法律救济一词,有的将救济的手段界定为诉讼,有的将救济的手段描述为合法的程序裁判,❸ 但均认为法律救济是对权益受到侵害的补救法律制度,是指法律关系主体的合法权益受到侵害时,获得恢复或者补救的法律制度,部分学者认为能够获得救济的情形还应当包括将要受到的损害。《牛津法律大辞典》中对于法律救济概念的界定没有包括将要受到的损害,认为救济是指"对已发生或业已造成伤害、危害、损失或损害的不当行为的纠正、矫正或改正。"救济通

---

❶ W. N. Hohfeld: "Some Fundamental Legal Conception as Applied in Judicial Reasoning," *The Yale Law Journal* 23, no. 1 (1913): 29.
❷ 于宏:《英美法上"救济"概念解析》,《法治与社会发展》2013年第3期。
❸ 张静在《论高校对学生的管理权与学生受教育权的冲突与平衡》一文中将法律救济定义为"通过合法程序裁判社会生活中的一切纠纷,对受损害的合法权益依法给予补救的普遍的法律保护制度"。高凌云在《我国民事法律救济制度中的补偿性救济比较》中将法律救济定义为"法院为受到损害或将要受到损害的案件当事人所能提供的任何方式的救济措施"。

常是阻止、纠正不法行为、保护权利，是对受到侵害权利的回应，是法律提供的矫正损害的手段。需要注意的是在不违反法律义务的情况下也可能存在损害，如错误支付的返还，不应当简单地把救济的前提归因于不法行为，救济不应当只是实现既存实体权利的手段。❶

（二）学者研究中对"救济"一词的理解具有多变性

在法律的语境下，救济语义的多变性体现在学者的研究中救济被以各种方式使用：一是救济是一种用以保障权利实现，阻止、纠正不法行为或者矫正不公平状态的方法，具体包括诉讼、行政规制；二是救济有时是指一种诉因，如侵权、违约或者不当得利等能够引起诉讼事实发生的具有法律效果的可诉事实，因为诉因的存在决定着当事人有无诉权，决定着能否引起阻止、纠正不法行为或者矫正不公平状态等方法的启动，在启动程序的同时，意味着原告获得与该程序格式相对应的救济，在此种意义上，诉因被描述为救济。❷ 三是在实体权利体系中，权利可以分为基础权利（第一权利）和救济权利（第二权利），如在买卖法律关系中，第一权利是指要求对方交付货物的权利或给付货款的权利，第二权利是指在第一权利未被满足的情况下，强制对方交付货物或者强制对方就未交货一事进行赔偿。救济权利是要求对方履行义务的权利，是要求对对方不履行或不适当履行义务给予救济的权利，是一种纠正性质的权利，对法律关系中违反义务一方的行为造成

---

❶ 沃克：《牛津法律大辞典》，李双元译，法律出版社，2003，第957页，转引自于宏：《英美法上"救济"概念解析》，《法治与社会发展》2013年第3期。

❷ 段厚省、周恬：《英美民事诉讼中诉因制度的历史变迁》，《东方法学》2008年第5期。

的后果具有矫正作用，如履行请求权、损害赔偿请求权。❶ 救济有时也可能并不存在违反义务的不法行为，是基于某种不公平而需要消除和改善而设定的制裁和补救，如不当得利返还请求权。四是诉讼这种救济方法，可以分为诉请、命令（即法院制作恢复、补救或者阻止权利受到侵害的命令）和强制执行三个阶段，上述三个阶段统称为救济，其中的每一个阶段都可以称为救济，有时在法院判决或者命令的意义上使用该词，有时救济就是指法院的判决或者命令的强制执行。

大多数情况下，救济被界定为一种方法，一种保障权利实现、阻止、纠正不法行为或者矫正不公平状态的方法；在实体法中，权利内涵中加入了救济的权能，成为救济含义的一种；在程序法上，救济是指当实体权利受到侵犯或者处于不公平状态时的补救制度。在英美法中，救济既不属于实体法，也不属于程序法，如果说实体法回答的是是否具有权利，权利的内容，程序法回答的是权利受到侵犯后补救的方法，英美救济法所回答的是原告的实体权利受到侵犯后，获得补偿的内容是什么。❷

（三）生态损害预防视角下"环境行政救济"概念的界定

1."环境行政救济"概念的演变与梳理

传统的"环境行政救济"是指行政相对人或利害关系人认为环境行政主体的不当或者违法的行政行为侵害或将要侵害自己的合法权益，或者因行政行为而遭受财产损失的人，请求有关机关纠正或者补救损害的法律制度。主要包括申诉、信访、行政复议、行政补偿、赔偿、行政监察和行政诉讼等一系列法律救济途径或

---

❶ 尹志强：《论民事权利在私法中的救济——从侵权行为法的涵摄范围和功能角度分析》，博士学位论文，中国政法大学，2004，第36—46页。

❷ 于宏：《英美法救济理论研究》，博士学位论文，吉林大学，2008，第20—33页。

者方式的总和。该概念界定的救济对象是行政相对人的人身权、财产权等合法权益，但由于环境行政主体的违法行为或不当行为往往关涉不特定多数人的利益，往往在环境行政救济的过程中客观上起到保护环境公益的功能。

学者对环境行政救济的内涵进行扩张性的解读后，认为其内容具体包括环境侵害的行政排除法、环境侵权损害的行政补偿法、环境民事纠纷的行政处理法、环境侵权损害的国家赔偿法四类内容。该概念涵盖了各类对环境侵害（生态环境损害和私益性环境侵权）进行预防和矫正的行政救济方式。这种扩张性的解读和环境侵害的自身特点一脉相承，将救济对象转移至环境损害。

环境法学界提出的"生态环境损害行政救济"是指环境行政主管部门运用行政权力，对生态环境损害行为进行制止、纠正和惩罚，属于广义的环境行政救济概念的内容之一，即环境侵害的行政排除中的部分内容。"生态损害行政救济"与传统的狭义的"环境行政救济"两个概念从产生原因、救济对象到矫正对象均不相同。从产生原因来看，前者是基于环境行政相对人的生态损害行为而产生行使行政权的公权力主体行为，后者是基于环境行政主体不当或者违法的行政行为对行政管理相对人或其他利害关系人的合法权益造成了可能或者现实的损害而产生的私主体或法律授权的组织寻求救济的行为。从救济对象上来看，前者救济的对象是不特定多数人享有的生态利益，后者救济的对象是行政相对人或者利害关系人的人身权、财产权等合法权益。从矫正的对象来看，前者矫正的对象是生态损害行为，后者矫正的对象是不当的或者违法的环境行政行为。从救济性质上来看，前者的救济是一种公权力的行使，既是权力又是职责；后者的行政相对人或者利害关系人既是救济的对象又是救济权的享有主体。

王明远教授从环境损害公益、私益融合、不可分割的特性出发，从广义界定了环境行政救济。无论是人身权、财产权等私益性环境侵害，还是公益的生态环境侵害，都存在两种救济方式，一种是民事救济途径，另一种是行政救济途径。环境侵权行政救济法包括环境侵害的行政排除法、环境侵权损害的行政补偿法[1]、环境民事纠纷的行政处理法、环境侵权损害的国家赔偿法，即通过行政力量加强对环境侵权损害的填补和环境侵害的防止，其中环境侵害的行政排除法包括公众参与环境行政过程，环境行政复议中变更请求和撤销请求、环境行政诉讼中的撤销之诉和强制履行法定职责之诉，公益诉讼等。[2] 环境侵害的行政排除仅是广义的环境行政救济中的一种方式，其所包含的是与行使行政权力相关的能够保障权利的实现，阻止、纠正不法行为或者矫正不公平状态的所有方法。而行政权力在其中是行政执法权、行政监督权还可能是被司法权监督的对象，这些并不影响其作为救济方法的本质，其关注的更多的是环境侵害的排除，既有生态环境损害的排除，又有私益的环境侵权的排除。此外，环境行政救济还包括环境侵害发生后的与行政权力行使相关的对于权利损害的填补，即环境损害的行政补偿法、环境损害的国家赔偿；同时，也包括行政机关对于环境民事纠纷的处理，即环境民事纠纷的行政处理。如果说环境行政救济概念救济的利益既有私益的人身权、财产权，也包含环境公共利益，那么生态损害的环境行政救济仅仅关注的是生态环境损害。

---

[1] 生态环境损害涉及社会不特定多数成员的社会公共利益，需要社会成员共同消化和分担，需要社会化的救济方式，而公共补偿就是行政救济的方式之一，属于福利行政和社会安全给付。
[2] 王明远：《环境侵权救济法律制度》，中国法制出版社，2001，第34页。

2. 对于救济概念的误读

救济的语义在适用中具有多样性，有时是指一种方法、手段，有时是指引起救济方法启动的原因事实，有时还可以是指一种具有救济功能的实体权利，有时是指诉讼这样一种具有权利救济功能的程序制度。正是这种语义的多样性使得在探讨环境行政救济的概念时产生了诸多内涵和外延表达上的不同。上述关于环境行政救济的讨论均把救济当作一种方法或者手段，一种为保障权利的实现或者阻止、纠正不法行为或者矫正不公平状态的方法、手段，对于救济的对象来说，救济是其获得的一种权利，一种可使得权利实现的权利。对于救济的行使主体来讲，救济是一种权力的行使，一种为保障权利实现，阻止、纠正不法行为或者矫正不公平的行政执法行为、行政监督权的行使或者司法裁判权的行使，从这个意义上讲，将救济界定为一种权利或者权力均具有片面性。

3. "环境行政救济"概念的解读

传统的环境行政救济概念属于狭义的界定，关注的是监督行政机关依法行政和行政相对人、利害关系人权利的保护，是从阻止、纠正环境行政主体的违法行为或不当行为的视角展开制度设计。环境法领域的学者解读的环境行政救济概念属于广义的界定，是从环境侵害的预防与救济的视角展开制度设计，将可以保护人身、财产、生态等私人利益和生态环境利益的方法、手段均纳入其中。生态环境损害的预防和救济是一个系统工程，需要树立生态环境损害预防、救济体系的观念，将制度的设计置于生态损害预防、救济体系的框架中探讨。因此本书采用广义的环境行政救济概念。

(1)"环境侵害的行政排除"是广义环境行政救济内容之一。

①处理性的环境行政行为。环境行政是行政机关按照有关法律、法规对所辖区域的环境保护实施统一的行政监督管理,并运用经济、法律、技术、教育等手段,对各种影响环境的活动进行规划、调整和监督,防止环境污染或者破坏生态平衡,以促进社会可持续发展的活动。❶ 为了防止环境遭受破坏,需要对社会成员设置限制性规范,但此种设置的前提是对于造成破坏原因的行为或者物质进行有害性评价,只有在证明了损害与行为或物质之间的因果关系时,才能对其制造、运输、排放等行为设置禁止或限制性规定,但现代社会中的环境问题具有不确定性和不可逆性,一方面对损害与行为或物质之间的因果关系难以证明,另一方面如果对其置之不理,很可能造成难以弥补的损害。因此,预防原则在环境行政领域应当确定为基本原则,即在可疑的有害物质或者行为被证明之前,就应当对此建立起相应的规章制度。❷ 生态环境损害的不可逆性,不能坚持传统的有损害、才有救济的事后补救,而应从预防的角度,从有助于生态损害预防的制度之间的互动来规划环境问题。

环境侵害的行政排除是保障环境权利实现,阻止、纠正不法行为或者矫正不公平状态的方法或者手段,是预防生态损害发生的环境行政救济范围。环境侵害的行政排除手段一般为处理性环境行政行为、负担性环境行政行为,主要是通过对污染者和其他责任人科以预防生态损害发生及扩大和环境修复的义务,并以行政强制或行政处罚保障修复义务的实现。此时权力的行使对象为

---

❶ 周玉华主编《环境行政法学》,东北林业大学出版社,2002,第 8 页。
❷ 黑川哲志:《环境行政的法理与方法》,肖军译,中国法制出版社,2008,第 2 页。

行政相对人的环境违法行为，主要目的是防治环境污染和对生态环境的破坏，保护环境公共利益。通过行政权力介入可能发生或已发生的环境侵害，促使环境侵害的防治、排除和填补，从而使环境受害人的合法权益免于遭受侵害获得保护。能够对生态环境损害进行救济的行政排除手段有环境行政命令、环境行政处罚，具体包括责令改正、停止违法行政行为，限期整改治理、限期搬迁、责令停产停业等。❶

②部分非处理性环境行政行为。非处理性环境行政行为是环境行政主体采用协商、合作等不具有强制命令性质的方式与行政相对人共同达成行政目的，不直接产生影响行政相对人权利、义务内容的行政行为。处理性环境行政行为属于强制性的行政管理方式，仅在环境问题发生后实施强制性的行政手段，而非处理性环境行政行为采取非强制性、非命令的方式，通过双向的互动与沟通共同达致环境保护的行政目的，❷ 又称柔性行政行为、非强制性行政行为。如环境行政指导、环境行政契约，环境行政奖励，环境行政调解、企业环境信用评价等，主要应对具有综合性和多元性的环境问题，对预防环境公共利益受损有无法替代的作用，是全过程防治理念的实现途径之一，有助于增强公民维护环境利益的主动性。并非所有的非处理性环境行政行为都属于环境行政救济的内容，如环境行政指导，通过倡导、提倡、表彰、示范、建议等非强制性方法作为行为导向，促使行政相对人自愿参与，实现环境公共利益的保护，该行政行为主要为正向引导，行政相对人的反向行为并不指向环境侵害。

部分非处理性环境行政行为也是环境纠纷的处理方式，如环

---

❶ 徐以祥：《论生态环境损害的行政命令救济》，《政治与法律》2019年第9期。
❷ 陈明义、邹雄：《非处理性行政行为保障环境公共利益研究》，《东南学术》2015年第2期。

境行政调解、环境行政斡旋、生态环境损害赔偿行政磋商等属于环境行政救济的内容。❶ 环境行政调解是在环境行政主管部门或者其他法律规定行使环境监督管理权的部门主持下,促使环境污染损害赔偿责任纠纷双方在自愿的原则下达成协议,解决纠纷的行政活动,当事人对环境行政调解,可以提起民事诉讼,传统的环境行政调解既包括对环境侵权私益纠纷的调解也包括对于群体性的、私益聚集型的环境众益损害纠纷的调解。环境行政斡旋是指环境行政机关为环境纠纷的当事人和解提供场所、信息、意见、法律政策释疑等服务,促使他们自行和解的中介行为,我国目前并未将行政斡旋作为解决环境纠纷的法定方式,只是作为调解的一种方式。生态环境损害赔偿行政磋商制度是生态环境损害赔偿中的重要制度之一,主要目的是充分发挥环境行政主管部门在行政救济方面的专业性,通过赋予赔偿权利人即国务院授权的省级、市地级政府(包括直辖市所辖的区县级政府)与赔偿义务人协商的权利来分配生态环境损害治理与修复的权利和义务。环境侵害具有公共性、影响广泛性,一旦发生危害具有不可逆性,迅速、及时、公正的解决应是救济程序追求的价值所在,环保主管部门具有较强的专业性,拥有环境监测手段和环境统计信息的优势,对环境法律、法规和当地的环境质量状况更为熟悉。环境侵害案件对于因果关系和损害程度的认定都需要较强专业性和科学性的资料和调查,认定事实方面需要具有相关专业知识的人才。行政部门认定事实的专业性较强,通过行政管理权的实施进一步挖掘问题,是行政机关处理问题的优势,有利于健全环境保护法律制度。关于生态环境损害赔偿行政磋商制度的性质尚有争议,部分学者认为其属于"带有协商性质的行政事实行为"而非行政行为。

---

❶ 聂玲、胡艳香:《我国环境侵权行政救济法律制度的缺陷与完善》,《法制与经济》2008 年第 6 期。

（2）公众享有的程序性环境权利是广义的环境行政救济的内容之一

在环境行政法律关系中，行政相对人享有的程序性环境权利（如公众的知情权、公众参与决策权和获得救济的权利，部分学者认为还包括公众表达权和公众监督权）是监督行政管理部门依法行政、保障环境权利得以实现、阻止、纠正不法行为或者矫正不公平状态的方法和手段。同时，公众的知情权、参与决策权等程序性环境权利发生在行政行为作出之前，通过监督行政管理部门依法行政，起到阻止、纠正不法行为发生的作用，也是引起复议、诉讼等事实发生的诉因，在上述两种意义上，公众的知情权、参与决策权属于广义环境行政救济的内容之一。获得救济的权利则属于传统的环境行政救济方式，传统的环境行政救济概念是通过纠正违法行政行为或不作为行政行为，维护行政相对人和其他利害关系人受到侵害或者将要受到侵害的人身权、财产权或者环境公共利益。主要包括行政机关的内部救济机制和其他一系列法律救济途径或者方式的总和，前者如申诉、信访、行政复议、行政赔偿、行政监察等，后者主要包括行政诉讼。传统的环境行政救济是行政相对人或者利害关系人因环境行政行为而受到或可能受到损害而启动的一种恢复或补救方法；环境行政救济的对象或者救济权的享有主体是受行政行为影响的行政相对人或利害关系人；环境行政救济针对的是不当的或者违法的环境行政行为。行政补偿，是指行政主体为实现公共利益的合法行政行为给特定的公民、法人或者其他组织的合法权益造成损害或者公民、法人或者其他组织为维护公共利益而使自己的合法权益遭受特别损失时，由国家给予适当补偿的法律制度。❶ 行政赔偿是指行政机关及其工作人

---

❶ 应松年主编《行政法与行政诉讼法》，中国政法大学出版社，2011，第328页。

员违法行使行政职权,侵犯行政相对人的人身权和财产权并造成损害而依法必须承担法律责任的制度,是国家赔偿制度的组成部分。行政补偿和行政赔偿属于事后对于私权的救济,不属于生态环境损害预防视角下环境行政救济探讨的内容。

4. 生态损害预防视角下环境行政救济研究的范围

生态损害预防视角下环境行政救济关注的是能够预防生态损害发生或者扩大的救济方式,是指通过运用行政权力和对行政权力进行监督来预防和矫正生态环境利益受到的侵害的各类方式的总和。具体包括:(1)环境侵害的行政排除,即能够对生态环境损害进行救济的行政排除手段有环境行政命令、环境行政处罚,具体包括责令改正、停止违法行政行为,限期整改治理、限期搬迁、责令停产停业等。(2)部分"非处理性环境行政行为"和"带有协商性质的行政事实行为",与生态损害预防直接相关的救济方式主要是指环境行政调解、生态环境损害赔偿行政磋商制度。(3)公众享有的程序性权利,即公众享有的知情权、参与决策权和获得救济的权利,是监督行政管理部门依法行政、保障生态环境权利得以实现、阻止、纠正不法行为或者矫正不公平状态的方法和手段。与生态环境损害预防相关的方式主要包括公众知情权和参与决策权、申诉、环境信访、环境行政复议、环境行政公益诉讼。

第四节 生态损害预防视角下环境行政救济构造

一、环境行政救济构造的含义

构造一词通常是指各个组成部分的安排、组织和相互关系。

法学领域对于构造的探讨多见于民事诉讼和刑事诉讼中，诉讼构造又称诉讼模式，刑事诉讼法学者认为诉讼结构是由一定的诉讼目的决定的，并由主要诉讼程序和证据规则中的诉讼基本方式所体现的控诉、辩护、裁判三方的法律地位和相互关系。❶ 在民事诉讼法学界，认为民事诉讼构造是指民事诉讼制度和程序运作所形成的结构中各种基本要素及其关系的抽象形式。❷ 是以一定的国情为背景，在一定的民事诉讼价值观的支配下，为实现一定的民事诉讼目的，通过在法院和当事人之间分配诉讼权利与义务而形成的法院与当事人之间不同的诉讼地位和相互关系。❸ 由此可见，诉讼构造的核心内容是通过诉讼法律关系的设置体现出的诉讼主体的地位和相互关系。行政救济构造与诉讼构造的不同之处在于其是由众多不同职能、不同程序的具体救济制度组成，对其构造的研究除每种救济方式的具体程序外，还涉及不同程序的具体救济制度如何相互衔接配合，形成一个合理高效的行政救济系统。因此，生态损害预防视角下行政救济构造分析面临的基本问题主要包括：一是从系统论和整体的视角认识环境行政救济，即众多不同职能、不同程序的具体行政救济制度如何组合、如何安排才能构成一个合理、高效、有机的行政救济系统；二是各个具体行政救济制度中程序主体之间的地位和关系。

环境行政救济的构造是指环境行政救济体系中各救济制度之间的相互关系以及在各项救济过程中各种要素及其之间形成关系的总和。❹ 环境行政救济构造是对环境行政救济制度基本框架和结

---

❶ 李心鉴：《刑事诉讼构造论》，中国政法大学出版社，1992，第7页。
❷ 刘荣军：《程序保障的理论视角》，法律出版社，1999，第172页。
❸ 谭兵主编《民事诉讼法学》，法律出版社，1997，第15页。
❹ 黄启辉：《行政救济构造研究——以司法权与行政权之关系为路径》，武汉大学出版社，2012，第20页。

构的抽象和表述，表达了行政救济规范系统的总体性。其研究的核心问题即明确行政机关内部的环境救济方式之间的配置关系；行政机关内部的环境救济方式和司法机关提供的环境救济方式之间的配置关系；具体环境行政救济程序内部之组成结构、主体之间的地位和关系。从基础和宏观的视角对环境行政救济的机构及其运作方式进行分析，探究如何搭建各种行政救济程序才能更充分地实现生态环境损害的预防功能。

二、生态损害预防视角下环境行政救济构造研究的基本问题

生态损害预防视角下的环境行政救济构造是目标一致、功能相似（预防生态环境损害的发生和进一步扩大）的一系列环境行政救济方式的统称。多元的救济机制，纠纷主体的价值偏好和环境纠纷的动态性都可能导致纠纷救济机制之间的转换，就需要不同的纠纷解决机制之间具有良好的耦合功能，做到功能互补。完整有机的纠纷解决系统，不仅要求各机制本身的合理结构和有效运作，而且取决于机制之间能够形成一个具有内在联系的有机体。[1] 根据上述分析可知，生态环境损害预防视角下的环境行政救济方式所涵摄的范围较为广泛。从宏观角度看，众多不同职能、不同程序的具体行政救济制度如何组合、如何安排才能构成一个合理、高效、有机的行政救济系统也是生态环境损害预防视角下环境行政救济构造应当关注的基本问题；从微观角度看，任何一种救济制度的构造问题，即程序主体之间权利义务的分配所形成的相互地位和关系都会影响到生态环境损害预防功能的发挥，属于生态环境损害预防视角下环境行政救济构造研究的基本问题。

---

[1] 黄中显：《环境侵权民事纠纷行政救济机制与司法救济机制的耦合——法社会学分析视角》，《学术论坛》2009 年第 10 期。

该类基本问题主要包括以下几个方面。

(一) 环境侵害行政排除的功能协作与系统结构

行政机关内部的环境行政救济方式可分为两类：一类是处理性、负担性环境行为对环境侵害的救济，属于行政规制型环境行政救济。此类环境行政救济是环境行政主管部门运用行政权力，对生态环境损害行为进行制止、纠正和惩罚，要求生态损害责任人停止、纠正损害生态环境的行为、采取避免生态损害扩大的措施以及修复受到损害的生态环境，从而使公众的环境权益免于遭受侵害获得保护的活动，是环境行政主管部门针对可能或者正在发生的损害生态环境行为实施的处理性或负担性环境行政行为，主要包括环境行政命令、环境行政处罚；另一类是非强制性或非负担性的环境行政行为或协商性行政事实行为对环境侵害的排除。此类环境行政救济方式不直接产生影响行政相对人权利、义务内容的行政行为，主要是通过双向的互动与沟通共同达致环境保护的行政目的。主要包括生态环境损害赔偿行政磋商制度。

(二) 公众的程序性环境权的功能协作及系统结构

公众的程序性环境权是广义的环境行政救济方式之一，即公众享有的知情权、参与决策权和获得救济的权利，是公众实体环境权实现的路径。与生态环境损害预防相关的行政救济方式主要包括公众知情权和参与决策权、环境信访、环境行政复议、环境行政公益诉讼。公众享有的程序性环境权利作为救济方式在生态环境损害预防中发挥的功能及各种方式之间的相互关系是生态环境损害预防视角下环境行政救济构造时要剖析的基本问题。环境行政权由公众环境权衍生而来，是环境公共利益和公众环境权实现的路径和保障。环境行政权是国家权力的组成部分，任何权力都来源于人民，理应以人民利益为中心，并自觉接受人民的监督,因此,公众环境权要优于环境行政权处于主体地位,没有公众环境权就没有环境行政权的存在,但环境行政权一经产生,即具有自身运行的科层运作逻辑,与公众环境权既对立又统一。❶ 实践中,环境行政权和公众环境权保障的博弈中,环境行政权掌握着最终的决定权,其实现往往取决于行使环境执法权的领导对于公众环境权的认知。❷

(三)生态损害预防视角下环境行政救济路径的选择

对于生态环境损害预防与救济的路径,学界讨论的焦点在于行政规制的路径、行政机关内部的救济路径还是司法的路径更为有效。当前立法和实践中司法救济的路径更受偏重而较少诉诸行政义务体系,一般是通过直接对污染者提起环境民事公益诉讼或者生态环境损害赔偿诉讼等私法手段来实现环境的修复或获得赔偿。而运用行政规制的公法手段预防和救济的路径未受到应有的重视。❸ 行政规制的路径主要通过对污染者和其他责任人科以预防生态损害发生及扩大和环境修复的义务,并以行政强制或行政处罚保障修复义务的实现。从行政法律关系平衡论的视角出发,能够对生态环境损害进行救济的行政规制手段主要有环境行政命令、环境行政处罚;交涉互动型行政手段主要包括环境行政调解、生态环境损害赔偿磋商制度。公众环境权利救济的方式主要包括公众知情权、参与决策权,环境申诉、环境信访、环境行政复议、环境行政诉讼、环境行政公益诉讼、生态环境损害赔偿诉讼。❹ 生

---

❶ 史玉成:《环境法的法权结构理论》,商务印书馆,2018,第5页。
❷ 方印:《环境法上的公众权利——公众环境权范畴、类型与体系》,《河北法学》2021年第7期。
❸ 刘静:《论生态损害救济的模式选择》,《中国法学》2019年第5期。
❹ 徐以祥:《论生态环境损害的行政命令救济》,《政治与法律》2019年第9期。

态损害预防视角下环境行政救济构造研究需要明确在上述两种救济路径中,究竟是司法路径优先还是行政路径优先,在司法路径中是行政救济优先还是民事救济优先,需要明确上述救济路径的功能和作用。

(四)环境行政救济程序内部组成结构、主体之间的地位和关系

环境行政救济的构造是指环境行政救济体系中各救济制度之间的相互关系以及在各项救济过程中各种要素及其之间形成关系的总和。❶ 各具体环境行政救济程序内部之组成结构、主体之间的地位和关系对该环境行政救济方式在实践中能够发挥何种生态损害预防功能具有决定性作用,属于生态环境损害预防视角下环境行政救济构造研究的基本问题。

---

❶ 黄启辉:《行政救济构造研究——以司法权与行政权之关系为路径》,武汉大学出版社,2012,第20页。

CHAPTER 02 >>
第二章
生态损害预防视角下
环境行政救济程序与功能

第一节 行政规制型环境行政救济程序与功能

一、行政规制型环境行政救济的含义

行政规制型环境行政救济是环境行政主管部门运用行政权力，对生态环境损害行为进行制止、纠正和惩罚，要求生态损害责任人停止、纠正损害生态环境的行为、采取避免生态损害扩大的措施以及修复受到损害的生态环境，从而使公众的环境权益免于遭受侵害的活动，是环境行政主管部门针对可能或者正在发生的损害生态环境行为实施的处理性或负担性环境行政行为，如图3所示。

```
┌─────────────────┐        ┌───────────────────┐
│ 生态环境行政主管部门 │  ═══>  │ 行政相对方的环境违法行为 │
└─────────────────┘        └───────────────────┘
```

图 3　行政规制型环境行政救济

二、生态损害预防视角下行政规制型环境行政救济的程序与功能

（一）环境行政命令

行政命令在概念的界定上存在多种理论，一种是行政机关作出的创设规则的抽象行政行为；另一种是针对行政相对人作出的具体行政行为。❶ 抽象的环境行政命令的正当性应从损失最小化、紧缺利益优先、进行合理的补偿三个方面进行考察。具体的环境行政行为可以分为规制性行政命令和补救性行政命令，前者是针对非违法的行政相对人就法律、行政法规、规章为行政相对人设定的公法义务进行具体化和补充，如主管部门要求有关企事业单位和其他经营者及时提供与生态环境损害威胁相关的信息，要求和指导他们采取有效的预防措施或自行采取有关措施，欧盟《关于预防和补救环境损害的环境责任指令》在第 5 条第 3 款规定了主管机关在任何时候都可以要求经营者提供关于任何环境损害的迫近或威胁的信息或在可疑情况下迫近或威胁的信息，要求经营者采取必要的预防措施，指导经营者继续采取必要的预防措施或者自行采取必要预防措施❷；后者是针对违反法律规定的义务或者不履行义务的行政相对人，对其违反公法义务所做的行为进行补救，

---

❶ 刘平：《行政执法原理与技巧》，上海人民出版社，2015，第 232 页。
❷ 竺效：《生态损害综合预防和救济法律机制研究》，法律出版社，2016，第 93 页。

主要包括责令改正违法行为、责令履行法律义务、责令消除违法行为造成的不良后果、恢复违法行为之前的状态四方面的内容，❶主要目的在于让行政相对人的行为回复到法律规定的状态，不增加额外的义务。本书探讨的环境行政命令是一种具体行政行为，是行政主体依职权为特定的行政相对人设定公法义务的行政行为，是落实法律规范规定的法律义务的重要手段，在行政行为体系中属于基础性行政行为，其直接的功能是落实法律确定的权利、义务，其在实现行政目的、合理配置行政资源、建构行政秩序的过程中发挥着基础性作用。

从具体行政行为的视角看，环境行政命令是由环境行政管理主体依法要求行政相对人为一定行为和不为一定行为的权力，是针对特定对象和条件采取的具体、单方、直接发生法律效力的环境行政行为。❷ 其目的在于纠正环境污染和生态破坏行为或者阻止其继续进行危害环境的行为，在生态环境损害救济中发挥着基础保障作用，是预防生态损害发生和进一步扩大，进行及时补救的第一道防线，同时环境行政命令中的部分责任形式，如责令消除违法行为造成的不良后果、回复违法行为之前的状态，具有填补生态环境损害的功能。我国 2010 年修订的《环境行政处罚办法》在第 11 条规定了环境保护主管部门实施行政处罚时，应当及时作出"责令当事人改正"或者"限期改正违法行为"的行政命令，并在第 12 条列举了"责令改正""限期改正违法行为"的环境行政命令的具体形式，具体包括：责令停止建设、责令停止试生产、责令停止生产或者使用、责令限期建设配套设施、责令重新安装

---

❶ 胡晓军：《行政命令研究——从行政行为形态的视角》，法律出版社，2017，第 114 页。
❷ 史玉成：《环境法的法权结构理论》，商务印书馆，2018，第 261 页。

使用、责令限期拆除、责令停止违法行为、责令限期治理以及法律、法规或者规章设定的其他具体的行政命令形式。《中华人民共和国土地管理法》(以下简称《土地管理法》)、《中华人民共和国森林法》(以下简称《森林法》)、《中华人民共和国水污染防治法》(以下简称《水污染防治法》)、《中华人民共和国土壤污染防治法》(以下简称《土壤污染防治法》)、《中华人民共和国草原法》(以下简称《草原法》)等多部环境单行法律中都作出了相应的规定,如《土壤污染防治法》中规定的责令停产整治,《水污染防治法》中规定的限期采取治理措施、消除污染,《草原法》中规定的补种树木、限期恢复植被。欧盟《关于预防和补救环境损害的环境责任指令》规定❶,当环境损害尚未发生或者已有发生损害的危险时,主管机关在任何时候都可以要求经营者在满足条件时自行采取必要的预防措施预防和减少环境损害的发生;如果损害已经发生,可指导、要求经营者在满足条件时自行采取一切可行的措施来控制、遏制、排除或者管理相关的污染物和任何其他致害因素,限制或预防环境损害进一步扩大或者对人类健康造成的影响进一步扩大,或对服务功能的损害进一步扩大。❷

(二) 环境行政处罚

环境行政处罚是行政主体为维护社会管理秩序,在行为人违反行政义务时依法给予的一种行政制裁,目的在于打击和预防违法行为,具有实现生态损害预防和填补的功能。环境行政处罚除

---

❶ Directive 2004/35/CE of the European Parliament and of the Council of 21 April 2004 on environmental liability with regard to the prevention and remedying of environmental damage.

❷ 王轩译,戴萍校:《欧盟〈关于预防和补救环境损害的环境责任指令〉》,《国际商法论丛》2008 年第 9 卷。

具有惩罚性的法律威慑功能外，还具有风险预防和填补生态环境损害、恢复生态的功能。政府治理生态环境的经济来源依托于公共财政，罚款则是公共财政的直接来源。相较于司法救济，运用公法手段预防和救济生态环境损害，具有专业和效率上的优势，环境行政机关具有环境专业技术人员，对环境政策的理解和把握相对更为深入，环境行政处罚比起司法救济途径更有利于快速筹集生态损害的修复资金。《环境行政处罚办法》规定的行政处罚方式包括：警告；罚款；责令停产整顿；责令停产、停业、关闭；暂扣、吊销许可证或者其他具有许可性质的证件；没收违法所得、没收非法财物；行政拘留和法律、行政法规设定的其他行政处罚种类。2021年修订后的《中华人民共和国行政处罚法》（以下简称《行政处罚法》）增加了通报批评、降低资质等级、限制开展生产经营活动、限制从业四种行政处罚的种类。《环境行政处罚办法》通过部门规章将环境行政处罚与环境行政命令进行了区分，但在环境行政处罚的形式中规定的责令停产整顿、责令停产停业与环境行政命令形式中的责令停止生产或使用、责令限期整改依然存在容易被混同，在实践中难以区分的情况。理论上，环境行政命令具有补救性，目的是命令违法行为人履行本应履行的义务，并不增加新义务，而环境行政处罚具有惩罚性，其目的是对违法者科以新的义务。❶

环境行政处罚的功能主要有惩罚威慑、风险预防和生态修复三个维度。惩罚威慑与预防功能具有密不可分的关系，如环境行政处罚对企业的营业收入和信用评级均会产生影响，对特定违法行为人和其他生产经营者产生避免再犯和阻吓潜在违法者的预防

---

❶ 环境保护部环境监察局：《环境行政处罚办法释义》，中国环境科学出版社，2011，第27—28页。

效果。不确定性的现代风险为环境行政中的风险预防提供了新的挑战，环境行政处罚的预防功能不仅要体现在基于处罚附随产生的避免再犯的主观预防效果，还要在危险后果发生之前，通过行为罚阻却具有重大环境风险的违法行为。通过威慑和惩戒来阻止正在发生的和未来可能发生生态环境损害，避免损害的进一步扩大是环境行政处罚的主要功能，但是风险意味着危害结果的潜在性和不确定性，危害发生的概率有多大、危害结果的大小以及风险源与肇事者之间的因果关系都具有不确定性，传统的环境行政处罚是建立在清晰的因果关系基础上的必然性模型法律机制，遵循法定原则以及构成要件精细化的规范，这与风险预防原则要求的盖然性模型法律机制的设置不相适应。❶ 这就需要环境行政处罚根据环境风险的自身特点作出一定的调整，以更好地发挥环境行政处罚的法律威慑和风险预防功能。

以环境行政处罚中的罚款为例，传统环境行政处罚的设置主要包括数值式、倍率式和按日连续计罚三种，数值式罚款在我国当前立法中占大多数，固定的罚款数额上限往往无法保障违法成本高于守法成本，无法达到阻吓潜在违法者的功能。倍率式环境行政处罚是以"违法所得""直接损失""受损资源环境市场价值""代为处置费用"等某一基准的特定倍数作为罚款的上下限或上限，具有一定的违法利益追缴功能，但此种追缴方式往往只能涵盖某一单一变量，无法涉及其他变量，只能针对特定的违法行为和环境利益以特定规范的形式散见于单行法中，适用面较窄，只能涵盖积极意义的违法收益，难以涵盖"未设置污染处理设备"或"无排污许可"等消极行为。为改变"守法成本高、违法成本

---

❶ 谭冰霖：《环境行政处罚规制功能之补强》，《法学研究》2018 年第 4 期。

低"的现象,2014 年修订的《环境保护法》规定了按日连续计罚制度,企事业单位或者其他生产经营者违法排放污染物受到罚款处罚,被责令改正,拒不改正的,行政机关可以自责令改正之日起,按照原处罚数额实行按日连续处罚,并授权地方性法规规定按日处罚的种类。该规定对促使违法者尽快停止违法行为,预防环境违法行为起到了良好的作用。

第二节 交涉互动型环境行政救济程序与功能

一、交涉互动型环境行政救济的含义

行政规制型环境行政救济属于处理性环境行政行为,一般在环境问题发生后通过实施强制性的行政手段达到保护环境公共利益的目的,而交涉互动型环境行政救济属于非处理性环境行政行为或协商性的行政事实行为,通常采用非强制性、非命令性的方式,通过双向互动与沟通共同达致环境保护的行政目的或者民事纠纷的解决,是不直接产生影响行政相对人权利、义务内容的行政行为,是协商民主在生态环境保护领域的体现,并非所有的非处理性环境行政行为都属于环境行政救济的内容。

二、生态损害预防视角下交涉互动型环境行政救济的程序与功能

(一)环境行政调解

1. 环境行政裁决的限缩及向环境行政调解的演变

环境行政裁决是环境保护行政主管部门根据环境污染赔偿民

事争议一方或双方当事人的申请，运用行政权，依法对环境污染赔偿民事争议进行单方面裁决，解决环境污染赔偿民事争议的活动。我国1989年《环境保护法》第41条第2款规定：赔偿责任和赔偿金额的纠纷，可以根据当事人的请求，由环境保护行政主管部门或者其他依照法律规定行使环境监督管理权的部门处理，当事人对处理决定不服的，可以向人民法院起诉。当事人也可以直接向人民法院起诉。环境保护部门及其他环保主管部门有权在自己的职责范围内处理环境侵权损害赔偿纠纷。1990年《行政诉讼法》实施之前，对行政裁决不服向人民法院提起的为民事诉讼，但《行政诉讼法》实施后，由于环境行政裁决属于具体行政行为，人民法院开始将这类案件列为行政诉讼案件。1991年11月国家环保局向全国人大常委会法律工作委员会提交了《关于如何理解〈环境保护法〉第四十一条第二款的请示》（以下简称《请示》），认为环保部门对这类纠纷的处理，在性质上属于行政机关居间对民事权益争议的调解。1992年1月31日，全国人大常委会在《关于正确理解和执行〈环境保护法〉第四十一条第二款的答复》中指出，依据《环境保护法》第41条第2款规定，根据当事人的请求，对因环境污染损害引起的赔偿责任和赔偿纠纷所做的处理，当事人不服的可以向人民法院提起民事诉讼，不能以环境行政主管部门为被告提起行政诉讼。环境行政裁决通过限缩解释放弃了裁决权，从此演化为环境行政调解权。❶

但在一些地方性法规中仍存在环境行政裁决的相关规定，如1994年生效的《山东省环境污染纠纷处理办法》为环境污染赔偿民事争议提供了两种处理方式：环境行政调解和环境行政裁决。

---

❶ 王小红：《重构我国环境行政裁决诉讼制度》，《中国石油大学学报》（社会科学版）2006年第1期。

该办法中规定公民、法人和其他组织相互之间因环境污染而产生的赔偿责任和赔偿金额方面的争执，可以向致害和受害的单位或个人所在地的共同一级人民政府环境保护行政主管部门提出申请。环境保护行政主管部门应当先进行调解，调解不成的，要及时予以裁决。环境行政调解是依法通过说服教育促使双方当事人自愿达成协议解决环境污染赔偿民事争议的活动，调解协议不具有强制执行力，调解未达成协议或者调解书送达前，当事人反悔的，环境保护行政主管部门应当依法作出裁决。当事人对行政裁决不服，可以提起行政复议或行政诉讼，当事人逾期不申请复议，也不向人民法院起诉，又不履行裁决的，环境保护行政主管部门可以申请人民法院强制执行。2015年1月1日生效的《环境保护法》删除了1989年《环境保护法》第41条的相关规定。

2. 环境行政调解的性质与功能

环境行政调解是在环境行政主管部门或者其他法律规定行使环境监督管理权的部门主持下，依据国家法律、政策以及社会公德，通过说服教育、斡旋、调停促使环境污染损害赔偿责任纠纷双方在自愿的原则下达成协议，解决民事纠纷的行政活动。调解不成或者调解后一方当事人反悔的，可以提起民事诉讼。也有部分地方性规范文件认为，环境行政调解的适用范围除了民事纠纷，也包括行政争议，例如，《北京市调解办法》规定，各级行政机关依法可以对民事纠纷、行政争议（公民、法人或者其他组织与行政机关之间关于行政赔偿、补偿以及行政机关行使法律、法规、规章规定的自由裁量权产生的争议）进行调解，2021年11月《四川省行政调解工作暂行办法（征求意见稿）》中除规定上述纠纷适用行政调解外，还将行政调解的范围扩大至人民法院、检察机关或其他组织拟开展或正在开展的实质性化解的行政争议，邀请行政机关参与调解的以及其他依法可以调解的行政争议。关于环境行政调解的概念立法上也未统一，有的叫行政处理、有的叫行政调处。传统的环境行政调解既包括对环境侵权私益纠纷的调解也包括对于群体性的、私益聚集型的环境众益损害纠纷的调解。关于环境行政调解的性质，学界有四种看法：第一种观点认为其属于具体行政行为，第二种观点认为其属于行政司法行为；第三种观点认为其属于依附于其他行政行为存在的解决民事纠纷的一种方法；第四种观点认为其属于以非权力的方式解决民事纠纷的一种行政事实行为。❶

环境行政调解与环保行政机关的职权有着密切的关系，行政机关在通过调解处理环境民事纠纷的同时，往往同时还在履行环保监督管理的行政职权，相较司法的事后救济，履行行政职权和环境行政调解同时进行，有助于发挥环保主管部门在事实认定上的专业优势并及时保护受损害的合法权益。

环境行政调解的范围应当有法律的明确规定并限定在环保行政职权有关的范围内。环境行政调解的启动方式可分为依申请进行调解和依职权进行调解，原则上当事人申请优先，但一些特殊的纠纷，行政机关可以主动进行调解。如《国务院关于加强法治政府建设的意见》中提出，资源开发、环境污染、公共安全事故等方面的民事纠纷，以及涉及人数较多、影响较大、可能影响社会稳定的纠纷要主动进行调解。通常对于涉及国家利益、社会公共利益的复杂的环境纠纷，行政机关可以依职权开展环境行政调

---

❶ 钭晓东、奚潇锋：《论环境纠纷复杂化下的环境行政调解机制诉求及路径优化》，《环境与可持续发展》2021年第3期。

解。❶ 以美国康菲国际有限公司（以下简称"康菲公司"）溢油案为例，政府出面主持调解，由康菲公司出资 10 亿元，用于解决河北省、辽宁省部分区县养殖生物及渤海天然渔业资源损害赔偿和补偿问题，但由于山东省的渔民未包括在内，相较诉讼具有诸多优势的环境行政裁决被人遗忘，众多山东渔民弃而选择成本较高的诉讼寻求救济，在被法院拒之门外后，众多渔民被迫赴美国提起发生在中国境内的损害赔偿请求。❷

关于环境行政调解的效力，最高人民法院 2009 年 7 月 24 日公布的《关于建立健全诉讼与非诉讼相衔接的矛盾纠纷解决机制的若干意见》中指出，当事人不服行政机关针对民事争议作出的调解、裁决或者其他处理，以对方当事人为被告就原争议向人民法院起诉的，由人民法院作为民事案件受理，法律法规明确规定作为行政案件受理的，人民法院在对行政行为进行审查时，可对其中民事争议一并审理，并在作出行政判决的同时，依法对当事人之间的民事争议一并作出民事判决。环境行政调解协议不属于可诉具体行政行为，具有民事合同的性质，可以进行公证或向人民法院提出确认。

环境行政调解在解决环境纠纷中具有独特优势，一是这类纠纷属于复合型、群体性的不特定多数的众益聚集型纠纷，与行政职权密切相关，由行政机关一并调解可以降低社会公共治理的成本，减轻当事人的负担。环境行政调解不收费，并明确规定处理污染纠纷过程中的监测、化验、鉴定等费用由致害人承担，较之

---

❶ 计洪波：《环境行政调解的法律依据、制度框架和法律效力》，《郑州大学学报》（哲学社会科学版）2018 年第 2 期。
❷ 冯洁、周琼媛：《跨国追索"康菲路"》，《南方周末》2012 年 7 月 12 日，http：//www.jnfzm.com/content/78463。

程序繁杂、成本较高的民事诉讼，当事人能以较低的花费寻求有效的救济。二是环境侵害具有间接性、复杂性等特征，使得环境纠纷中因果关系的证明、损害范围的确定，经常牵扯到环境领域专业知识的综合运用，在这方面环境行政机关具有法院所不具备的专业优势。环保行政主管部门具有丰富的环境专业知识和管理经验，熟悉环境基本法、单行法、地方性法规、部门规章及政府规章乃至政策文件，更便于综合考量专门的技术问题、专门的法律问题和政策问题。三是环境侵权纠纷不仅处理个体的权益纠纷，更涉及社会的公共利益，与行政职能有着密切的联系，行政机关来处理环境纠纷，可以形成快速的反馈和处理机制，有助于促进政策、制度的形成。四是行政机关所设置的纠纷处理机构不仅对要解决的纠纷给予适当及时的处理，还往往以预防侵害发生的意识，对没有暴露出来的纠纷也进行积极的事前干预。❶

（二）生态环境损害赔偿磋商制度

1. 生态环境损害赔偿磋商制度的形成与发展

生态环境损害赔偿磋商制度是生态环境损害赔偿中的重要制度，是指经调查发现生态环境损害需要修复或赔偿的，赔偿权利人根据生态环境损害鉴定评估报告，就损害事实和程度、修复启动时间和期限、赔偿的责任承担方式和期限等具体问题与赔偿义务人进行磋商，主要目的是充分发挥环境行政主管部门在行政救济方面的专业性，通过建立赔偿权利人即国务院授权的省级、市地级政府（包括直辖市所辖的区县级政府）与赔偿义务人的商谈模式来分配生态环境损害治理与修复的权利和义务。

---

❶ 棚濑孝雄：《纠纷的解决与审判制度》，王亚新译，中国政法大学出版社，2004，第83页。

（1）试点阶段。2015年9月，中共中央政治局审议通过了《生态文明体制改革总体方案》，明确提出严格实行生态环境损害赔偿制度，健全相关法律制度、评估方法和实施机制。2015年12月，中共中央办公厅、国务院办公厅印发了《生态环境损害赔偿制度改革试点方案》（以下简称《试点方案》），首次提出了"磋商"的概念，就磋商的启动条件、主体和内容，磋商中的公众参与和信息公开问题，磋商后的效果监督作出了试行规定，并指定江苏、山东等七省作为试点先行区。试点地方省级政府经国务院授权后，作为本行政区域内生态环境损害赔偿权利人。赔偿义务人为违反法律法规，造成生态环境损害的单位和个人。经赔偿义务人同意后双方共同委托磋商机构，现有的生态环境损害赔偿行政磋商制度仅适用于发生较大及以上突发环境事件、在国家和省级主体功能区规划中划定的重点生态功能区、禁止开发区发生环境污染、生态破坏事件的以及其他严重影响生态环境事件。海洋生态环境损害赔偿及涉及人身、财产权益损害赔偿的环境侵权不适用该制度。湖南、吉林、江苏、山东等地方政府先后在《试点方案》的指导下出台了本地区的生态环境损害赔偿制度改革试点工作实施方案。关于磋商的启动条件，湖南省政府将其扩大至在重点生态功能区和禁止开发区以外的其他地区直接导致区域大气、水、土壤等环境质量等级下降，或造成耕地、林地、湿地、饮用水水源地等功能性退化的；关于磋商当事人，湖南省政府指出在损害行为不涉及跨区县时，省政府可视情况指定有关区县政府行使损害赔偿权利，对赔偿义务人的规定表述为造成生态环境损害而不限于违反法律的单位和个人。

（2）改革推行阶段。在总结试点经验的基础上，中共中央办公厅、国务院办公厅于2017年12月印发了《生态环境损害赔偿制度改革方案》（以下简称《改革方案》）。《改革方案》于 2018 年 1 月 1 日起实施。《改革方案》中国务院授权省级、市地级政府（包括直辖市所辖的区县级政府）作为赔偿权利人在发现生态环境损害需要修复或者赔偿的，可以依据生态环境损害鉴定评估报告就损害程度、修复时间、赔偿方式等问题与赔偿义务人即违反法律法规，造成生态环境损害的单位或个人进行磋商，此外《改革方案》主要做了以下调整。

①《试点方案》中规定不经过磋商程序可直接提起诉讼，《改革方案》删除了赔偿权利人未经磋商环节也可直接提起诉讼这一表述，并在《最高人民法院关于审理生态环境损害赔偿案件的若干规定（试行）》中明确规定：将与被告进行磋商但未达成一致或者提交因客观原因无法与被告进行磋商的说明作为提起生态环境损害赔偿诉讼的条件。因此，客观上不能开展赔偿磋商或者磋商未达成一致的方可提起生态环境损害赔偿诉讼。

②磋商主体方面，将赔偿权利人的范围由国务院授权的省级政府扩大至省、市地级政府（包括直辖市所辖的区县级政府），规定省级、市地级政府❶可指定相关部门或机构负责生态环境损害赔偿具体工作，并赋予赔偿权利人及其指定的部门或机构、受国务院委托行使全民所有自然资源资产所有权的部门提起诉讼的资格。确定违反法律法规，造成生态环境损害的单位或个人为赔偿义务人。

③磋商程序方面，要求赔偿权利人以生态环境损害鉴定评估报告为依据与义务人展开磋商，并对生态环境损害调查、鉴定评

---

❶ 《最高人民法院关于审理生态环境损害赔偿案件的若干规定（试行）》对市地级进行了详细的解释，即市地级人民政府包括设区的市，自治州、盟、地区，不设区的地级市，直辖市的区、县人民政府。

估、修复方案编制等工作中涉及公共利益的重大事项向社会公开，鼓励公众参与，邀请专家和利益相关的公民、法人和其他组织参与磋商。

④磋商协议的司法确认。就磋商达成一致后的保障实施，新增司法确认制度，对经磋商达成的赔偿协议，可以依照民事诉讼法向人民法院申请司法确认。经司法确认的赔偿协议，赔偿义务人不履行或不完全履行的，赔偿权利人及其指定的部门或机构可向人民法院申请司法确认以获得强制执行力。2019 年 5 月通过，并于 2020 年 12 月 23 日修正的《最高人民法院关于审理生态环境损害赔偿案件的若干规定（试行）》明确，人民法院受理司法确认磋商协议申请后，应当公告磋商协议内容不少于 30 日，司法确认裁定书应当写明案件的基本事实和协议内容，并向社会公开。磋商未达成一致的，赔偿权利人及其指定的部门或机构应当及时提起生态环境损害赔偿民事诉讼。

⑤替代修复。赔偿义务人造成的生态环境损害无法修复的，其赔偿资金作为政府非税收入，全额上缴同级国库，纳入预算管理。赔偿权利人及其指定的部门或机构根据磋商或判决要求，结合本区域生态环境损害情况开展替代修复。

（3）制度细化完善阶段。2020 年 8 月，生态环境部联合自然资源部、司法部、农业农村部等 11 个部门印发了《关于推进生态环境损害赔偿制度改革若干具体问题的意见》，就负责磋商的工作部门和机构，案件线索来源，索赔的启动、生态环境损害的调查、鉴定评估、磋商协议的达成、磋商的次数和期限❶、对赔偿义务人担责的鼓励、与公益诉讼的衔接、生态环境的修复、修复效果的

---

❶ 磋商原则上不超过 3 次、期限不超过 90 日。

评估、公众参与、信息共享等程序问题进行了细化规定。为规范磋商过程，该意见提供了生态环境损害索赔磋商各环节所需文书的示范文本。

2. 磋商的性质

（1）民事行为论。这一观点将磋商划归为民事私法的范畴，认为国家是自然资源的所有权主体，是赔偿的权利主体，其与赔偿义务人之间的协商调解，属于平等主体之间的协商调解过程，应属民事行为，但因环境涉及公共利益，应受到公共利益的限制。磋商虽有政府的参与，但此时的政府已不再采取命令的强制性方式，而是作为生态环境的代表者与赔偿义务人开展友好协商，目的是平衡各方利益，这也是目前欧美国家普遍采取的做法；❶ 有的学者认为磋商虽然有公权力的介入具有一定的特殊性，但其本质仍在于双方地位平等，赔偿权利人在开展磋商时不得运用公权力，此外若将磋商视为行政行为，则会将以损害补救为核心的责任设置与行政的惩戒性责任相混淆，从而动摇生态环境损害赔偿磋商制度作为行政责任、刑事责任补充的初衷。❷ 但是基于民事行为的私法性，磋商双方当事人谈判协商时意志完全自由，这与磋商原则中赋予行政机关足够又有限的行政权存在矛盾，可能存在行政机关恶意利用磋商权力进行权力寻租等危害生态环境的现象，与立法初衷背道而驰。

（2）行政性质论。磋商制度同时聚合了"行政主导、协商机制、公益维护和损害赔偿"等不同的要素，通过构建环境问题的社会对话平台，使得政府在听取多方利益主体不同的环境诉求的

---

❶ 王金南：《实施生态环境损害赔偿制度 落实生态环境损害修复责任：关于〈生态环境损害赔偿制度改革试点方案〉的解读》，《中国环境报》2015 年 12 月 4 日。

❷ 程雨燕：《生态环境损害赔偿磋商制度构想》，《北方法学》2017 年 5 期。

基础上开展治理活动，体现了在行政权主导下的"协商行政"的制度特征，是环境治理模式转变的结果。❶ 事实上，在公共行政场域中，我们可以适当引入私法手段作为工具，以增强行政相对人对政府行政管理行为的认可度与接受度，此举有助于公权行政目标之达成。❷ 磋商中行政主体代表了公共利益，磋商协议的签订及履行都是为了实现行政管理公益目标，作为省级、市级政府的赔偿权利人并没有选择是否启动索赔的自由。政府合同中只有以非公务目标为履行目的的合同被视为民事协议，如行政机关与经营者签订的购买办公用品的协议；磋商制度是行政权主导下的协商行政，突破了传统的行政机关与行政相对人的二元对抗式管理方式，是将私法手段引入行政管理过程，由特定的行政主体，通过非正式程序，不以强制对方服从、接收为特征的行政行为，对涉及环境公共利益的社会问题进行合作型行政治理。再者，磋商中公权力运用的痕迹明显，前期的调查评估、后期的监督执行甚至商谈本身得以进行都依赖于行政主体的监督管理权力，因此磋商当然为行政性质的行为，是环境行政执法的补充，是政府承担环境监管责任的一种新型方式。❸

（3）双阶理论说。持该观点的学者摒弃了"非公即私"的思维定式，将磋商制度的运行过程划分为不同阶段，以调查评估与磋商启动、修复方案的编制为核心的第一阶段和以协议缔结与履行为核心的第二阶段，第一阶段体现公法属性，第二阶段凸显私

---

❶ 董正爱、胡泽弘：《协商行政视域下生态环境损害赔偿磋商制度的规范表达》，《中国人口·资源与环境》2019年第6期。

❷ 石佑启：《论公共行政变革与行政行为理论的完善》，《中国法学》2005年第2期。

❸ 廖华：《生态环境损害赔偿的实践省思与制度走向》，《湖南师范大学社会科学学报》2021年第11期。

法属性,以此为基础当出现纠纷时分别依照相关法律进行救济。持双阶理论的学者,其解释并未脱离主流的私法解释路径,仅仅是将磋商视为一种涉及公法元素的特殊私法行为,并未意识到行政民主化改革引领的"命令—控制"式的强权行政模式向"合作—协商"式的弱权行政模式的转变。❶

3. 政府作为赔偿权利人的理论基础

(1) 自然资源国家所有权理论。有学者认为政府以自然资源国家所有权为请求权的依托,❷《中华人民共和国宪法》(以下简称《宪法》)规定了自然资源国家所有权制度,政府作为国家所有权的行使主体,有权基于此开展磋商。部分学者持反对意见,认为自然资源国家所有权理论的适用范围有限,对于本质上是公共物的空气、阳光、太阳能、风能等生态环境要素不应纳入所有权规范中,行政机关对于这些不属于国家所有的公众共用物主张权利缺乏充分的法理基础。❸ 还有学者认为上述观点忽视了民法上"物权化"的国家自然资源所有权和环境法中"环境"的着眼点与适用范围有较大差异,生态环境损害的索赔权利主体简单地套用"物权化"的国有自然资源所有权授权代表理论,将对制度的逻辑自洽性和环境司法造成漏洞和冲突。生态环境损害赔偿权利主体即国务院授权的生态环境及其他行政管理部门只能作为国有自然资源所有权的授权代表,无法作为集体所有的自然资源的授权代表,无法涵盖自然资源生态环境损害之外的环境要素、生态要素

---

❶ 于文轩、孙昭宇:《生态环境损害赔偿磋商的属性界定与制度展开——以双阶理论为视角》,《中国地质大学学报》(社会科学版) 2021 年第 2 期。

❷ 郭海蓝、陈德敏:《省级政府提起生态环境损害赔偿诉讼的制度困境与规范路径》,《中国人口·资源与环境》2018 年第 3 期。

❸ 曹明德:《〈民法典〉生态环境损害赔偿条款法理辨析》,《法律科学(西北政法大学学报)》2022 年第 1 期。

的改变，生态系统功能的退化等。❶

（2）公共信托理论。自然资源国家所有原则并不必然具体化为物权法上的自然资源国家所有权，也可以推衍出政府控制、管理和保护各种公共信托资源的公共信托义务。可以将《宪法》第9条解释为，政府受全民信托持有矿藏、水流等自然资源，国家保障公众对自然资源的合理利用，维护自然资源中的公共信托环境权益。为了全民的利益，政府及其行政部门在国家所有的自然资源事项上有利用、控制、管理和保护公共信托自然资源的权利和义务。❷

（3）国家环境保护义务说。生态环境涵盖的范围大于自然资源，行政机关基于自然资源所有权提起索赔诉讼存在一定的救济盲区，行政机关提起生态环境损害赔偿诉讼的理论基础源于国家的环境保护义务，行政机关既非为了某一特定个体的利益，也非为了国家这一特殊主体的利益，而是为了广大公众所享有的环境公共利益行使诉讼权，可将其视为履行国家环境保护义务的行为。❸

4. 磋商主体

《改革方案》确定的赔偿权利人为国务院授权的省级、市地级政府（包括直辖市所辖的区县级政府），省级、市地级政府可指定相关部门或机构负责生态环境损害赔偿具体工作。《最高人民法院关于审理生态环境损害赔偿案件的若干规定》赋予赔偿权利人及

---

❶ 谢睿华：《自然资源国家所有权物权化再认识》，中国环境资源法学研究会2014年年会暨2014年全国环境与资源保护法研讨会，广州，2014。
❷ 王小钢：《生态环境损害赔偿诉讼的公共信托理论阐释——自然资源国家所有和公共信托环境权益的二维构造》，《法学论坛》2018年第6期。
❸ 彭中遥：《行政机关提起生态环境损害赔偿诉讼的理论争点及其合理解脱》，《环境保护》2019年第5期。

其指定的部门或机构、受国务院委托行使全民所有自然资源资产所有权的部门提起诉讼的资格。《关于推进生态环境损害赔偿制度改革若干具体问题的意见》规定赔偿权利人可以根据相关部门职能指定生态环境、自然资源、住房城乡建设、农业农村、水利、林业和草原等相关部门和机构作为负责生态环境损害赔偿磋商的具体工作机构。一些地方法院在司法实践中通过授权扩大了上述规范性文件确定的磋商主体和申请司法确认的主体，如山东省高级人民法院印发的《关于办理生态环境损害赔偿协议司法确认案件的若干意见（试行）》规定，经市级政府授权的县级政府及其相关职能部门也可以作为赔偿协议的磋商主体和申请司法确认的主体。部分学者对于将生态环境保护组织纳入生态环境损害赔偿磋商的权利人持否认态度，他们认为，一方面大部分环保组织专业技术水平较弱、发展不均衡；另一方面其作为环境公益诉讼原告索赔主体已耗费大量的精力。我国行政实行的是上下级垂直管理模式，政府受其固有的属性和所追求的利益所限，在磋商中可能会出现侵害社会公众环境利益的情形，必须对其进行监督，从而有效地对受损生态环境进行修复。从确立政府磋商责任边界的角度出发，可通过设计政府磋商职权负面清单，以配备完善的责任机制确保政府在磋商中的自由裁量权在合理范围内发挥其应有的作用。❶

囿于生态环境损害的特殊性，磋商启动前可能出现找不到赔偿义务人的情形，生态环境损害事件的背后既包含直接实施具体损害行为导致生态环境损害的直接责任者、也包括未直接实施损害行为但因其未履行或未完全履行自身特定的环保义务而间接导致生态环境损害的间接责任者，应将间接责任者包含在赔偿义务

---

❶ 王腾：《我国生态环境损害赔偿磋商制度的功能、问题与对策》，《环境保护》2018 年第 13 期。

人的范围内。学者主张，大多数污染者难以负担起生态环境修复需要的大量资金，引入环境责任保险制度由保险人与污染者共同承担责任，能适当减轻损害者的负担，保障生态环境损害修复的有效进行。❶《改革方案》授权各地区可根据需要扩大生态环境损害赔偿义务人的范围，提出相关立法建议，实践中，赔偿义务人的范围并未得以扩大，对于赔偿义务人的范围扩大不应盲目，应以促进磋商结果的履行为最终目的，同时关注赔偿义务人之间的责任分配问题。❷

5. 磋商程序

在磋商的启动条件上，生态环境损害事实所涉及的专业技术问题复杂难断，在认定损害事实、因果关系和归责事由等方面具有较大的困难，如果要以作出环境损害鉴定评估报告和修复方案为条件才能启动赔偿磋商事宜，实践中未必能达到设立赔偿磋商程序的初衷。如果环境损害鉴定评估报告和修复方案是赔偿权利人单方面作出的，极有可能出现赔偿义务人不认可的情况，如果由赔偿权利人和赔偿义务人共同协商委托鉴定评估机构，更容易得到赔偿义务人的认可，因此，建议根据案件的具体情况，可以适时将赔偿磋商程序启动的时机提前到经调查发现生态环境损害需要修复或赔偿，不强制性地要求必须以作出环境损害鉴定评估报告和修复方案为启动条件。❸ 磋商的目的不仅要实现，而且要公正的实现，磋商程序的公开透明可以促进磋商结果的公正和可接

---

❶ 史玉成、芝慧洁：《生态环境损害赔偿制度的构建与省思》，《江苏科技大学学报》（社会科学版）2021 年第 3 期。
❷ 丁宁：《我国生态环境损害赔偿磋商制度的规范考察：困境与出路》，《党政干部学刊》2021 年第 6 期。
❸ 周婷婷：《生态环境损害赔偿磋商制度的构建》，《广西社会科学》2021 年第 10 期。

受,磋商启动后,部分学者主张应当设置赔偿权利人告知程序,立即告知相关的环保社会组织和检察机关,并且定期向其通报磋商进展,对磋商过程开展监督,公众参与是环境与资源保护法学的基本原则,正确有效的公众参与能够遏制"权力寻租",也能促进环境决策的合理化与科学化。以政府作为直接参与主体(区别于间接行政管理身份)构建的生态环境损害赔偿磋商制度,为防止"权力寻租"或者"权力滥用",监督尤为重要。虽然环境参与权是每个公民应享有的基本权利,但保障所有人均参与磋商过程并不现实,所以应依据不同类型人员参与赔偿磋商过程的紧要程度和功能效用分别设置相应的参与保障机制,实现相对平等。❶

6. 磋商协议的司法确认

根据《改革方案》和《最高人民法院关于审理生态环境损害赔偿案件的若干规定(试行)》,赔偿权利主体和赔偿义务人经磋商达成一致意见后,签订生态环境损害赔偿协议,可以向人民法院申请司法确认该赔偿协议。经磋商一致后达成的生态环境损害赔偿协议不是调解协议,现有文件并未规定磋商由调解组织参与,因此磋商协议司法确认与《民事诉讼法》规定的人民调解委员会等调解组织达成的调解协议的司法确认不同,其审查的法院和程序均需另行规定。有学者建议将生态环境侵权行为发生地、损害结果地或者被告住所地基层人民法院作为该类案件的管辖法院,以便法院更好地配合受损生态环境的修复与治理。也有学者反对将被告住所地人民法院作为生态环境损害赔偿诉讼的管辖法院,认为若其与侵权行为地或者侵权结果地不一致,不便于人民法院

---

❶ 李树训、冷罗生:《生态环境损害赔偿磋商中的第三者:功能与保障——聚焦七省改革办法》,《华侨大学学报》(哲学社会科学版)2019年第4期。

对案件的分析、判断以及后续的强制执行等。❶ 部分学者提出基于生态环境修复的现实需要以及司法确认程序的特殊价值目标，生态环境损害赔偿磋商协议的司法确认制度应当在人民调解司法确认制度基础上设置一些特殊的程序规则，以保证其简便、高效之立法目标的实现，如适当延长审查期限、由中级人民法院法官独任办理、坚持信息公开和整体确认原则。❷

7. 生态环境损害赔偿磋商制度的预防功能

环境侵害具有公共性、影响广泛性，一旦发生危害具有不可逆性，迅速、及时、公正的解决应是救济程序追求的价值所在，环保主管部门具有较强的专业性，拥有环境监测手段和环境统计信息的优势，对环境法律、法规和当地的环境质量状况更为熟悉。环境侵害案件对于因果关系和损害程度的认定都需要较强专业性和科学性的资料和调查，认定事实方面需要具有较强相关专业知识的人才。行政部门认定事实的专业性较强，通过行政管理权的实施进一步挖掘问题并谋求达成赔偿协议是行政机关处理问题的优势，有利于及时制止生态环境损害行为的发生，制止和预防生态环境损害的进一步扩大，健全环境保护法律制度。

（三）生态环境损害赔偿诉讼制度

2018年1月1日实施的《生态环境损害赔偿制度改革方案》中构建了我国生态环境损害赔偿制度，当赔偿权利人即国务院授权的省级、市地级政府与赔偿义务人磋商未达成一致时，可提起生态环境损害赔偿民事诉讼。作为生态环境的监管主体，可基于

---

❶ 周婷婷：《生态环境损害赔偿磋商制度的构建》，《广西社会科学》2021年第10期。

❷ 孙佑海、闫妍：《如何建立生态环境损害赔偿磋商协议的司法确认制度》，《环境保护》2018年第5期。

对国家自然资源的所有权和生态环境的监管权运用民事索赔的私法路径完成公共任务。2002年塔斯曼海轮海洋油污案是中国海洋行政主管部门首例对油污损害海洋生态环境进行索赔的案件。天津市环保局、天津市渔政渔港监督管理处请求侵权者赔偿海洋生态损失996余万元,海洋渔业资源损失1513余万元和渔民损失1700余万元。❶ 根据2018年3月实施的《最高人民法院、最高人民检察院关于检察公益诉讼案件适用法律若干问题的解释》的规定,检察院可提起环境刑事附带民事公益诉讼,同时根据《中华人民共和国民事诉讼法》(以下简称《民事诉讼法》)、《环境保护法》的规定,社会团体也可提起环境民事公益诉讼,这样二者就可能发生冲突。2019年6月5日实施的《最高人民法院关于审理生态环境损害赔偿案件的若干规定(试行)》对生态环境损害赔偿诉讼和环境民事公益诉讼关系的处理作了规定,生态环境损害赔偿诉讼进行中,有环境民事公益诉讼起诉到法院的,应由受理生态环境损害赔偿诉讼的法院的同一审判组织审理;因同一损害生态环境的行为提起的生态环境损害赔偿诉讼和环境民事公益诉讼,生态环境损害赔偿诉讼优先审理,应中止环境民事公益诉讼的审理,待生态环境损害赔偿诉讼案件审理完毕后,再就民事公益诉讼案件未被涵盖的诉讼请求依法作出裁判。两种诉讼裁判生效后,就同一损害生态环境的行为有证据证明有前案审理未发现的损害

---

❶ 该案一审判决认定了海洋行政主管部门主张的海洋生态损失中的海洋环境容量损失费和生物治理研究费,对于检测评估费、海洋生态服务功能损失费、海洋沉积物恢复费、潮滩生物环境、浮游植物和浮游动物恢复费均未认定。但该案件最终由最高人民法院调解结案,只获得数百万元的调查费用,环境容量损失和生态修复费用未获得支持。2007年国家海洋局发布了《海洋溢油生态损害评估技术导则》,在一定程度上改善了海洋溢油生态损害难以量化的情形。参见白佳玉:《船舶溢油海洋环境损害赔偿法律问题研究——以"塔斯曼海"轮溢油事故为视角》,《中国海洋大学学报》(社会科学版)2011年第6期。

并提起另一种诉讼的，人民法院应予受理。

第三节　权利保障型环境行政救济程序与功能

一、权利保障型环境行政救济的含义

行政规制型环境行政救济是环境行政主管部门运用行政权力，对生态环境损害行为进行制止、纠正和惩罚，要求生态损害责任人停止、纠正损害生态环境的行为、采取避免生态损害扩大的措施以及修复受到损害的生态环境，从而使公众的环境权益免于遭受侵害的活动，是环境行政主管部门针对可能或者正在发生的损害生态环境行为实施的处理性或负担性环境行政行为。交涉互动型环境行政救济通常采用非强制性、非命令性的方式，通过双向的互动与沟通共同达致环境保护的行政目的或者民事纠纷的解决，是不直接产生影响行政相对人权利、义务内容的行政行为。上述两种类型是从环境行政主管部门职责履行的视角观察生态损害预防视角下的行政救济方式。而权利保障型的环境行政救济方式是从公众权利保障的视角通过制度的设计来实现生态环境损害的预防与救济。主要包括环境信访、环境行政复议、环境行政诉讼、环境行政公益诉讼。

二、生态损害预防视角下权利保障型环境行政救济的程序与功能

（一）环境信访

环境信访是指公民、法人或者其他组织采用书信、电子邮件、

传真、电话、走访等形式，向各级环境保护行政主管部门反映环境保护情况，提出建议、意见或者投诉请求，依法由环境保护行政主管部门处理的活动。环境信访是环保部门代表国家在现代化法治框架下与民众就政府环境管制制度的合法化进行沟通，一方面，它是个体或群体对环境参与权和环境权益的争取和申诉的问题，另一方面它体现的是环境管理、体制和机制的运作，是采取司法救济路径和社会抗争之前的制度化沟通渠道，是一种政治路径而非法律路径，是公民政治参与和表达的渠道。2015年8月，环保部出台了《关于改革信访工作制度 依照法定途径分类处理信访问题的意见》和《环保领域信访问题法定途径清单》，将信访工作纳入法治化轨道，保证合法的诉求按照法律的规定和程序得到合法、合理的处理。将环保部门接收的信访分为四类：环保业务类、复议诉讼类、信访类和非环保部门职能类。环保业务类主要是为环境执法、许可等业务工作提供线索，不适用信访处理程序；对具体行政行为或复议机关、司法机关的决定、判决（裁定）不服等复议诉讼类事项依法交由复议机关或司法机关裁决；对于非环保部门职能类引导群众向当地主管部门、政府信访机构反映，并说明理由。环境信访作为一种政治路径，在强调依法处理的同时，环境侵害事件往往同时涉及国土、规划、环保等众多的行政部门，过于执着于部门的明确授权，不利于环境公害事件的应急处理，应避免将属于环保行政监管事项过度转让或移交给司法部门。对于依法转交的复议、诉讼事项也需要作出正确的行政处理程序和说明；区分基于维护环境公共利益的信访和基于个体或群体性私利的信访，将基于公益的信访及时纳入相关主管部门的处

理日程,而非转交给其他行政部门、复议机关或司法机关。❶

(二) 环境信息权与环境参与权

1. 环境知情权

环境信息公开是政府部门、企事业单位或者其他组织将其所掌握的与生态环境相关的涉及人类自身发展和可持续发展的状况的信息,在一定范围内通过一定的方式公开,确保公众的知情权和公众参与环境治理的基本权利的实现,督促污染者控制排污量,达到改善环境质量的目的。环境信息公开包含两种形式,一种是公众申请公开,另一种是政府主动公开。获取环境信息是公众的一项基本权利,许多国际条约都将环境信息公开作为缔约方的一项义务。近年来,我国比较严重的环境污染事故一再发生,人们越来越意识到良好环境的重要性,公众要求获知环境信息的声音越来越响亮,为了保障公众对环境信息的知情权,实现公众参与,环境信息公开制度应运而生。我国于 2008 年出台了《环境信息公开办法》(国家环保总局令第 30 号,2019 年废止),2013 年出台了《建设项目环境影响评价政府信息公开指南 (试行)》,2014 年出台了《企事业单位信息公开办法》(已失效),并于 2015 年 1 月 1 日实施的《环境保护法》中专设了"信息公开和公众参与"一章,对环境信息公开的主体、内容以及环境信息公开救济途径等做了相应的规定。同年环境保护部颁布了《企业事业单位环境信息公开办法》。此外,环境信息公开的规范也散见于部分环境单行法,如 2018 年《中华人民共和国环境影响评价法》、2017 年《水污染防治法》、2018 年《中华人民共和国循环经济促进法》和

---

❶ 郇庆治:《环境政治学视野下的环境信访问题》,《中国环境监察》2016 年第 5 期。

2009 年《中华人民共和国海岛保护法》、2016 年修订后的《大气污染防治法》等环境单行法的部分条款均规定了环境信息公开的相关内容。《环境保护法》颁布后修订的《大气污染防治法》涉及环境信息公开的条款多达 13 条。此外与环境信息公开的实现密切相关的法律还有 2010 年修订的《中华人民共和国保守国家秘密法》，明确了有定密权的机关，为环境信息是否属于国家秘密而免予公开的认定提供了依据。联合国欧洲经济委员会通过的《奥胡斯公约》确立了程序性环境权的三大支柱，即公众的知情权、参与决策权和获得救济权，是迄今为止对程序性环境权规定得最为完善的公约。作为一种新型的环境公约，该公约强调缔约方政府对公众的信息公开义务，公众和社会团体在环境执行中应扮演核心的角色。

2020 年 12 月 7 日，国务院办公厅印发了《公共企事业单位信息公开规定制定办法》，于 2021 年 1 月 1 日起实施，该办法主要适用于具有市场支配地位、公共属性较强、直接关系人民群众身体健康和生命安全的公共企事业单位，或者与服务对象之间信息不对称问题比较突出、需要重点加强监管的公共企事业单位，如教育、卫生健康、供水、供电、供气、供热、环境保护、公共交通等领域，以主动公开为主，原则上不采取依申请公开的方式。2021 年 5 月 24 日，生态环境部经中央全面深化改革委员会会议审议通过印发并实行了《环境信息依法披露制度改革方案》，提出了通过改革推动企业落实环境信息强制性披露的法定义务，保障社会公众的知情权和企业的合法权益，确立了到 2025 年基本形成企业环境信息强制性披露制度的目标，从强制性信息披露主体、披露内容、披露形式、管理机制和监督机制等方面提出了改革方案，2021 年 12 月 11 日，生态环境部依据前述相关规范性文件印发了《企业环境信息依法披露管理办法》，自 2022 年 2 月 28 日起实施。纵观上述立法发展历程，我国公众环境信息公开的相关立法日益完善，公众环境信息权的范畴不仅局限于环境信息知情权的范畴，还包括环境信息的收集权、环境信息的监督权、环境信息的传播权、环境信息的享益权和环境信息的救济权等，❶ 获取环境信息是表达环境诉求的前提，从环境信息知情权到环境信息权的演变可以更好地夯实对绿色原则实践样态评价反馈所需的信息基础，为生态环境的多元共治和生态损害的预防提供基础。

2. 环境参与权

环境参与权是指公众享有的通过一定的程序或者途径参与一切与公众环境利益相关的环境立法、环境决策和听证、环境监督、环境公益诉讼等环境行为的集合性、多元性权利。❷ 环境参与权是参与权这一宪法上的基本权利在环境领域的表现，是促进政府环境决策民主化、维护公民环境利益的重要途径。《环境保护法》强调环境保护应坚持公众参与原则，并专设了"信息公开和公众参与"一章，规定了公民、法人和其他组织有参与和监督环境保护的权利，发现污染环境和破坏生态的行为和不履行监管职责的行为有向法定机关举报的权利。我国在 2015 年实施的《环境保护公众参与办法》中规定了环境保护主管部门征求群众意见和建议的形式，主要包括问卷调查、听证会、论证会等方式；规定了公民提出意见和建议的方式，主要包括电话、信函、传真和网络等形式。2018 年《环境影响评价公众参与办法》规范了可能造成不良

---

❶ 方印：《公众环境信息权整体入法的制度红利》，《贵阳学院学报》（社会科学版）2021 年第 5 期。

❷ 陈开琦：《公民环境参与权论》，《云南师范大学学报》（哲学社会科学版）2010 年第 5 期；张小军：《论环境参与权》，《环境科学与管理》2006 年第 7 期。

环境影响并直接涉及公众环境权益的有关专项规划的环境影响评价公众参与以及依法应当编制环境影响报告书的建设项目的环境影响评价公众参与。目前环境参与权的行使主要是举报、信访等末端参与，事前参与和过程监督发生的较少且形式单一。❶ 公众参与环境治理是现代环境治理体系的重要方面，建立有效的公民表达机制，是引导公众参与环境治理，预防生态环境损害发生的制度基础。

（三）环境行政复议和环境行政诉讼

环境行政复议和环境行政诉讼是环境行政救济制度的主要形式，是指环境行政相对方或者其他利害关系人由于不服环境行政主体在行使行政管理权的过程中作出的具体行政行为，认为其违法或不当侵害其合法权益，向行政复议机关提出申请或向人民法院提起诉讼，请求重新审查原具体行政行为的合法性或合理性，并作出决定的制度。

环境污染和生态破坏的发生原因来自两方面：一是政府的环境行政违法行为（如违规的项目审批、排污行政许可等）或不作为（如未能及时地履行其环境监管的职责制止环境侵权行为的发生）威胁或侵害公民的环境权益；二是环境污染者和破坏者的行为有可能或已经侵害环境权益。环境行政复议和环境行政诉讼是对公民权利进行救济、保护生态环境和监督行政机关依法行政的重要机制。环境行政复议和环境行政诉讼通常情况下是针对环境保护行政主管部门的具体行政行为侵犯行政相对人合法权益的情形，由于环境保护行政主管部门履行的是环境监管职责，其受理的对象通常对环保行政主管部门对其违法行为采取的行政监管和

---

❶ 何苗：《中国与欧洲公众环境参与权的比较研究》，《法学评论》2020 年第 1 期。

处理措施表示不服，与生态环境损害预防没有直接关联，仅在针对政府的环境行政违法行为或不作为时，具有生态损害预防的功能。传统上行政复议和行政诉讼的功能主要有三个：纠纷解决、权利救济和内部监督，纠纷解决是行政复议制度的首要任务和工具性目的，权利救济和内部监督是其价值导向性目的。环境行政复议和环境行政诉讼均是行政相对人或利害关系人认为自己的合法权益受到具体行政行为的侵害而启动的救济程序，公平公正地处理复议人的申请，解决纠纷是对权利救济的前提。此外，良好的环境是人生存和发展的必要条件，环境权作为一项基本的人权已经为一系列国际条约、国内法文件所确认，环境的破坏损害的往往是不特定多数人的利益，行政机关承担着保护环境的公共职责，环境公共利益的受损实质上是行政机关疏于监管所致。行政相对人或者利害关系人针对环境行政不作为或者环境违法行为的处理不当提起的行政复议和行政诉讼在维护自身权益的同时，往往具有生态损害的预防和阻止功能。环境行政诉讼是原告权利保障的最后一道防线，原告人身权、财产权的受损往往与环境公共利益的损害互为关联，部分环境行政诉讼和环境行政公益诉讼多是基于共同的环境行政违法行为或行政不作为而发生的，在环境违法行为和行政不作为的举证上、认定事实和适用法律上具有共通性。为避免出现相互矛盾的裁判，提高诉讼效率，应注重对两类诉讼在审理程序中的衔接，而这方面的现有研究还很少。如对环境行政公益诉讼生效裁判的既判力适当扩张，环境行政诉讼和环境行政公益诉讼的关联处理等。

（四）环境行政公益诉讼

环境行政公益诉讼是指无直接利害关系人（公民、法人和其他组织）认为行政机关的违法行为或者不作为侵害或者有可能侵害到生态资源和环境公共利益，依法向人民法院提起行政诉讼，要求行政机关履行法定职责或者纠正、停止损害环境公益的行政行为的制度。我国的环境行政公益诉讼发展经历了探索、试点和确立三个主要阶段。2015年和2017年先后修订的《环境保护法》和《行政诉讼法》在我国正式确立了行政公益诉讼制度，但《行政诉讼法》规定的能够提起环境行政公益诉讼的主体为人民检察院。2018年3月，《最高人民法院 最高人民检察院关于检察公益诉讼案件适用法律若干问题的解释》进一步明确了检察机关提起行政公益诉讼的程序规则。

1. 环境行政公益诉讼保护对象的公益性、权利主体的广泛性

环境行政公益诉讼保护的利益是环境公共利益，行为人在开发、利用自然环境的过程中通过向环境介质排放污染物或不正当的开发行为引发环境污染或生态破坏（生态系统的物理、化学或生物等方面功能的严重退化或破坏），这种破坏是一定地域内居民所共有的生态系统功能。环境公共利益的享有主体是一定区域内不特定的公众。救济性质上属于社会法救济。环境行政公益诉讼的原告可能是与受损害的环境公益有直接利害关系的公民、法人或者其他组织，也有可能是无直接利害关系的法律规定的机关、社会组织和个人。

2. 环境行政公益诉讼可诉对象的双重性

起诉的对象是行政机关侵害或者威胁环境公益的行政行为，具体表现为违法的环境行政行为或者行政不作为。违法的环境行政行为既包括抽象行政行为又包括具体行政行为。抽象环境行政行为是环境行政主体以不特定的人或事为对象所实施的行政行为，一般表现为规范性文件的形式，包括环境行政立法（如环境行政法规、部门规章及地方性环境行政规章）和其他规范性文件（如

环境行政机关及其工作部门发布的其他具有普遍约束力的决定、命令）的制定活动。有时也以非规范性文件的形式出现，如针对不特定人或事一次性适用的决定、决议或通知等。具体环境行政行为是环境行政主体以特定的人或事为对象所实施的行政行为，如环境行政审批（许可）、环境行政处罚、环境行政强制、环境行政指导、环境行政合同等。

修改后的《行政诉讼法》未将行政法规、规章或者行政机关制定、发布的具有普遍约束力的决定、命令纳入人民法院的受案范围，但规定了行政规范性文件附带审查制度。公民、法人或者其他组织认为行政行为所依据的国务院部门和地方人民政府及其部门制定的规范性文件不合法，在对行政行为提起诉讼时，可以一并请求对该规范性文件进行审查，但可审查的规范性文件不包含规章。人民法院认为规范性文件不合法时，可以不作为认定行政行为合法的依据，并向制定机关提出处理建议，可以抄送制定机关的同级人民政府或上一级行政机关。

3. 环境行政公益诉讼的预防性

对环境行政公益诉讼按照环境公共利益是否已受到侵害为标准，可以分为预防性的环境行政公益诉讼和补救性的环境行政公益诉讼，此种分类有助于分类研究环境行政公益诉讼功能的发挥状况。根据环境行政公益诉讼的诉因，可将其分为非行政行为导致的公益诉讼和行政行为导致的公益诉讼两类，非行政行为导致的公益诉讼主要是由环境行政不作为引起的。环境资源的公共属性决定了对其保护必须采取集体行动，运用行政管理等公法手段，行政机关履行环境监管职责是避免生态环境损害的重要途径。当环境违法行政行为或者行政不作为出现时，并不意味着环境公共利益的损害均已经发生，在大多数情况下仅是具有发生环境公共利益受到侵害的危险或可能性，如环境违法行政审批、许可行为发生时，通常被审批、许可行为还尚未实际开展，如果此时通过环境行政救济制度及时监督行政机关依法行政，纠正违法的环境行政行为，就会避免环境公共利益损害的真正发生。环境行政公益诉讼较之环境民事公益诉讼在人权保障方面、生态损害预防方面的意义更大。❶

环境民事公益诉讼明确将具有损害社会公共利益重大风险纳入可诉范围，但现行《行政诉讼法》第 25 条的规定并未明确将"有环境公共利益重大风险时"纳入提出检察建议的情形，该条规定检察机关在发现生态环境和资源保护领域负有监督管理职责的行政机关违法行使职权或者不作为，致使国家利益或者社会公共利益受到侵害时可提出检察建议和行政公益诉讼。该条款忽略了检察建议和行政公益诉讼的预防功能，未考虑环境侵害不可逆的特性，未明确环境公共利益有受到侵害的风险时检察机关即可提出检察建议和行政公益诉讼，不利于环境行政公益诉讼预防功能的发挥。

根据统计，2016 年 7 月至 2017 年 6 月全国法院共受理环境资源刑事案件 16 373 件、环境资源行政案件 39 746 件、环境资源民事案件 187 753 件，分别占比 6.7%、16.3% 和 77%。❷ 我国环境类案件主要是民事案件而非行政案件。我国的法院在行政诉讼中除法律有特别规定外没有权力直接变更行政决定。违法环境行政行为在行政复议和行政诉讼中得到及时纠正，阻止环境损害发生的功能未能得到有效的发挥。环境损害具有不可逆性，行政复议

---

❶ 陈广华、黄野：《论环境行政公益诉讼的人权保障功能及其实现》，《江苏警官学院学报》2018 年第 1 期。

❷ 参见《中国环境资源审判（2016—2017）》（白皮书）。

与行政诉讼是纠正错误的行政行为避免环境损害发生的第一步。当破坏环境的建设已经开始的时候，提供接近司法正义的途径已经意义不大，因此及时纠正一个错误的环境行政行为非常重要。环境行政复议与行政诉讼体制的设计与高效运行对于阻止环境损害的发生至关重要。

环境行政机关拥有专业的技术团队和相应的环境监测能力，其在制定环境标准、收集环境信息开展环境监管方面具有天然的技术和信息上的优势，环境行政调解的核心目的在于解决矛盾纠纷，定分止争，而环境行政诉讼的目的在于实现对于权利的救济，保障权利通过国家强制力实现监督行政机关依法行政。行政机关在处理环境纠纷时借助于行政权的有效行使，契合了环境纠纷预防性原则，及早地发现并处理损害环境的行为，有利于缓解司法压力。

第三章
生态损害预防视角下环境行政救济的实践探索

第一节 行政规制型环境行政救济的实践探索

一、环境行政命令的执法实践

环境行政命令是环境行政主管部门作出的对行政管理相对人具有强制拘束力的行政行为,是针对特定对象和条件采取的具体、单方、直接发生法律效力的环境行政行为。行政命令在概念的界定上存在多种理论,一种是行政机关作出的创设规则的抽象行政行为;另一种是针对行政相对人作出的具体行政行为,[1] 抽象的环境行政命令的正当性应从损失最小化、紧缺利益优先、进行合理的补偿三个方面

---

[1] 刘平:《行政执法原理与技巧》,上海人民出版社,2015,第232页。

进行考察。属于具体行政行为的环境行政命令主要包括责令改正违法行为、责令履行法律义务、责令消除违法行为造成的不良后果、恢复违法行为之前的状态四方面内容。❶ 上述四种内容在环境保护综合法和环境保护单行法中呈现了不同的责任形式，如 2010 年修订的《环境行政处罚办法》中列举的环境行政命令形式，具体包括责令停止建设、责令停止试生产、责令停止生产或者使用、责令限期建设配套设施、责令重新安装使用、责令限期拆除、责令停止违法行为、责令限期治理以及法律、法规或者规章设定的其他具体的行政命令形式；《土壤污染防治法》中规定的责令停产整治，《水污染防治法》中规定的限期采取治理措施、消除污染，《草原法》中规定的补种树木、限期恢复植被。

（一）责令改正违法行为的执法实践

环境行政命令相较环境行政处罚在实践中的应用比例更高，原因在于环境行政处罚需要严格的适用条件，如行政行为的违法性，对于那些在环境标准之内尚未达到违法标准的行为无法适用。环境行政命令中责令改正违法行政行为是基层环境监察大队运用较为频繁的行政行为方式，其作用是制止污染环境、生态破坏的行为，但往往无法彻底地解决纠纷。责令改正的救济性所发挥的即时或向前的作用相比行政处罚罚种发挥的向后预防的惩罚作用更加及时，其发挥的引导教育作用将远远胜于行政处罚罚种的单一报应意蕴，其往往通过对科学上不确定的情况仍然采取必要的行动以避免重大环境风险。❷ 责令改正在执行实务中一般口头作

---

❶ 胡晓军：《行政命令研究——从行政行为形态的视角》，法律出版社，2017，第 114 页。

❷ 程雨燕：《试论责令改正环境违法行为之制度归属——兼评〈环境行政处罚办法〉第 12 条》，《中国地质大学学报》（社会科学版）2012 年第 1 期。

出，无须正式行为，由于只是制止一种行为，实践中据此提起环境行政复议和环境行政诉讼的案例较少。❶

（二）限期治理向责令停产整治、限期第三方治理等多元方式发展

限期治理制度产生于 1973 年第一次全国环境保护会议，我国 1979 年《环境保护法（试行）》和 1989 年《环境保护法》均规定了该制度。限期治理制度针对超标排放、超过总量控制指标排放和严重污染环境的排污企业，由环境行政主管部门或人民政府限定其在一定的期限内完成治理任务，达到治理目标。该制度是为解决当时老国有企业环境污染严重而资金不足的问题提出的，为排污单位提供了一定的时间筹集环境治理资金，在当时的历史条件下起到了一定的积极作用，伴随着社会历史条件的变化，"限改令"逐渐异化成企业超标排放的"护身符"，一些限期治理企业在此期间更加肆无忌惮地超标排污。❷ 此种责任方式属于末端治理，2014 年修订的《环境保护法》未出现《环境行政处罚办法》中出现的"限制治理"这种行政命令方式，而是规定了责令改正、限制生产、停产整治、责令停止建设、责令停止排污、恢复原状等行政命令方式。责令限制生产、停产整治针对超标排放或者超过污染物总量控制指标排放污染物的排污企业，责令其减少产量、降低生产负荷或者停产以达到污染物排放标准或者污染物总量控制指标。排污企业需自行制定整改方案，从源头治理污染并减少污染物的排放，拒不停产、擅自恢复生产或者威慑力不足以制止

---

❶ 冯露：《环境纠纷行政解决机制的实证考察——以 S 县环境监察大队为主要考察对象》，《南京大学法律评论》2010 年秋季卷。
❷ 刘莎：《水污染防治法中限期治理制度研究》，硕士毕业论文，苏州大学，2013，第 1 页。

违法行为的，可采取更为严厉的责令停业、关闭。《水污染防治法》《中华人民共和国固体废物污染环境防治法》（以下简称《固体废物污染环境防治法》）依然将"责令限期采取治理措施"作为责任承担方式之一。《水土保持法》《草原法》等环保单行法也延续了限制治理的制度。采取上述行政命令对于行政相对人的权益影响较大，属于较为严厉的环境行政命令，实践中，基于需要会衍生出一些新型的环境行政命令，如限期第三方治理。《环境保护主管部门实施限制生产、停产整治办法》规定，环境保护主管部门作出限制生产、停产整治决定时，应当责令排污者改正或者限期改正违法行为，并依法实施行政处罚。根据2017年出台的《环境保护部关于推进环境污染第三方治理的实施意见》，若排污者拒不改正，或自身没有能力治理污染的，有关部门应"督促"其限期委托第三方治理污染。这里所说的"督促"属于一种行政命令。

二、环境行政处罚的执法实践

（一）环境行政处罚与环境刑事案件的衔接

环境行政处罚是通过公法手段对违法行为人的行为进行惩罚，是对违法行为的否定性评价。当环境行政主管部门对生态环境造成损害的违法行为人进行处罚时，若发现案件涉嫌构成犯罪，需要追究刑事责任的，应当将案件移送相关司法机关处理。环境行政处罚与环境刑事案件之间由于法律功能都具有惩罚性，所以要遵循一事不再罚的原则。[1] 我国《行政处罚法》第35条规定，人民法院判处罚金时，行政机关已经给予当事人罚款的，应当折抵

---

[1] 郝欣欣：《生态环境损害赔偿制度发展研究——以生态环境损害赔偿与环境行政处罚关系为视角》，《国土资源情报》2021第12期。

相应罚金；行政机关尚未给予当事人罚款的，不再给予罚款；人民法院判处拘役或者有期徒刑时，行政机关已经给予当事人行政拘留的，应当依法折抵相应刑期。

（二）环境行政处罚与生态环境损害赔偿的衔接

环境行政处罚与生态环境损害赔偿并存的情况时有发生，对于二者之间的关系如何处理并无法律的明确规定。生态环境损害赔偿诉讼的最终目的是恢复受损的生态环境，环境行政处罚的主要目的是否定违法行为，具有一定的惩罚性和威慑性。二者并行有利于更好地预防生态环境损害的发生和扩大，恢复环境的功能。生态环境损害赔偿适用于环境损害后果较为严重的特定情形，而环境行政处罚在各类环境单行法中均有规定。《环境行政处罚办法》规定，启动环境行政处罚对环境行为无损害后果较严重的要求，损害后果及违法情节只是处罚轻重裁量的依据，通常启动的门槛较低。生态环境损害赔偿的案件线索很多来源于环境行政处罚。处罚规则上，环境行政处罚、生态环境损害赔偿和环境刑事案件之间属于不同法律关系，可以并行不悖。确立建立生态环境损害赔偿与行政处罚联动机制，对于磋商后主动进行生态环境损害赔偿修复的，部分地方出台规范性文件规定可以从轻或者减轻环境行政处罚，如山东省生态环境厅出台的《关于完善生态环境损害赔偿工作程序 加强生态环境损害赔偿改革工作的通知》规定，赔偿义务人因环境损害行为应受行政处罚的，负责生态环境损害赔偿的部门可以邀请执法机构共同调查取证、参与磋商会议，执法机构可根据案件情况与负责生态环境损害赔偿的部门交换意见后作出行政处罚决定。生态环境部门根据《行政处罚法》关于"主动消除或者减轻违法行为危害后果的应当依法从轻或者减轻行政处罚"的规定，在作出行政处罚决定前，对于赔偿义务人积极参与生态环境损害赔偿磋商、履行磋商协议，对受损生态环境进行了修复和赔偿的，可以作为从轻、减轻行政处罚的参考情形提交案审会审议。《关于规范生态环境违法行为"不罚"、"轻罚"等有关事项的通知》规定，企业在作出行政处罚决定前，已完成生态环境损害赔偿责任，对受损生态环境进行了修复或者对无法修复的进行了替代修复和赔偿的，可以认定为从轻或者减轻处罚的情形。

第二节　交涉互动型环境行政救济的实践探索

一、环境行政调解的适用实践

（一）环境行政调解与行政管理的关联性

环境行政调解解决的对象是环境民事纠纷，解决法定的环境民事纠纷是政府的社会管理职能之一，也有部分地方性规范文件规定，环境行政调解包括调解行政争议，其适用范围一般包括民事纠纷，如未超标排污的单纯民事纠纷；情况复杂的选址问题型纠纷；具备明显违法性且已有行政命令或行政处罚决定的纠纷；行政相对人与生态环境部门之间关于行政赔偿、补偿和生态环境部门行使自由裁量权产生的行政纠纷；邀请行政机关参与调解的人民法院、检察机关或其他组织拟开展或正在开展实质性化解的行政争议。环境行政调解同人民调解、司法调解是我国"大调解"机制中的重要组成部分，在预防和化解社会矛盾方面发挥着重要作用，相较于其他纠纷解决方式，环境行政调解表现出专业性、权威性和较强的灵活性等特点，在解决跨区域或者重大的环境民事纠纷时，人民调解和环境仲裁调解从权威性和专业性方面不具有相应的优势，部分地区将人民调解和环境仲裁调解环境纠纷与行政机关相联动，发挥其专业优势，如在浙江省、内蒙古自治区，先后出台了地方性文件❶规定建立人民调解机构与环境行政主管部门之间的纠纷移送、工作联动协作机制，在调解人员的任用与队伍建设方面表现出很大的政府依赖。乌海市出台规范性文件《关于加强环境污染矛盾纠纷人民调解工作的指导意见》规定人民调解委员会调解员由环境行政主管部门负责推荐。❷ 环境行政调解解决的民事纠纷通常与行政管理相关联，在受害者人数较多，容易危及社会稳定的群体性事件中，环境行政调解通常是行政执法的辅助方式，其具有的疏导和平复受害者不满情绪的形式功能往往大于其实质解决纠纷的意义。❸

我国环保行政主管部门目前没有设立处理环境纠纷的机构，而是由环保生态环境局下辖的环保监察大队在从事行政执法等工作时附带承担纠纷解决职能。其职能之一即负责所管辖区内涉及环境污染事故、环境信访、污染纠纷的调查处理工作，是接受环境信访和解决环境纠纷的机构。冯露博士在对 S 县和 H 县环境监察大队的抽样统计显示：实践中环境行政调解作为一种纠纷解决方式采用的较少，更多的是采用行政执法的方式处理纠纷而很少采用行政调解。难以解决的纠纷主要有被诉人未超标排放的民事纠纷、情况复杂的选址问题型纠纷、具备明显违法性且已有行政

---

❶ 乌海市 2016 年出台的《加强环境污染矛盾纠纷人民调解工作的指导意见》中规定，环保及有关行政主管部门负责推荐环境污染矛盾纠纷人民调解员。
❷ 钭晓东、吴潇锋：《论环境纠纷复杂化下的环境行政调解机制诉求及路径优化》，《环境与可持续发展》2021 年第 3 期。
❸ 冯露：《环境纠纷行政解决机制的实证考察——以 S 县环境监察大队为主要考察对象》，《南京大学法律评论》2010 年秋季卷。

命令或行政处罚决定的纠纷。对于波及范围广、受害者反复集体投诉的案件,环境行政调解具有的疏导和平复受害者不满情绪的功能往往大于其实质性的纠纷解决意义。❶ 群体性纠纷通常采用行政执法和行政调解并用的方式,以安抚受害者,更好地维护社会稳定。

以康菲公司溢油案为例,2011年6月康菲公司蓬莱19-3油田溢油事故使周围海域840平方公里的1类海水水质下降到了劣4类。7月6日,国家海洋局依据《中华人民共和国海洋环境保护法》对康菲公司作出了20万元的行政处罚。由于康菲公司溢油处置缓慢,未能在8月31号前完成溢油的排查、封堵和处置工作,国家海洋局对其发出"三停"的指令,即整个蓬莱19-3油田停止回注、停止钻井、停止油气生产作业。直至11月1日,作业区C平台仍有油花溢出,5个多月来,漏油仍未停止。卫星、飞机、船舶现场监视监测及油指纹检验鉴定结果显示:所造成的污染面积从840平方公里扩大到5500平方公里。主要集中在蓬莱19-3油田周边海域和西北部海域,其中劣四类海水海域面积累计约870平方公里。康菲公司和中国海洋石油总公司(以下简称"中海油")在同农业部的谈判中同意支付16.83亿元,用于溢油事故对海洋生态造成损害的恢复。另康菲公司、中海油与农业部达成协议,将出资10亿元用于解决河北省、辽宁省部分区县渔民的损害赔偿和补偿问题。❷ 受害养殖户认为,行政调解应以养殖户同意调解为前提,养殖户均未参与上述谈判过程,也未被征询是否同意上述调解方案。针对这10亿元赔偿基金的分配,我国目前也缺乏

---

❶ 冯露:《环境纠纷行政解决机制实证研究》,北京大学出版社,2016,第54页。
❷ 陈柳钦:《康菲溢油周年祭为了忘却的纪念:康菲的傲慢与偏见》,《中国能源报》2012年9月15日,http://www.china-nengyuan.com/news/38425.html。

明确的程序规则，民众只能在没有机会行使诉权和缺乏程序保障的情况下无奈地接受政府主导下的赔偿分配结果。

（二）环境行政调解立法供给不足、缺乏细致的程序性规定

立法上，2014年修订后的《环境保护法》删除了1989年《环境保护法》第41条关于环境行政调解的相关规定，2014年《环境保护法》生效之前《中华人民共和国环境噪声污染防治法》（以下简称《环境噪声污染防治法》）第61条、《固体废物污染环境防治法》第84条、《水污染防治法》第86条、《大气污染防治法》第62条则明确规定关于赔偿责任和赔偿金额的纠纷可以根据当事人的请求，由环保行政主管部门或者其他监督管理部门、机构调解处理。2014《环境保护法》生效后多部环保单行法进行了修改，《固体废物污染环境防治法》《大气污染防治法》删除了原第62条的相关规定，《环境噪声污染防治法》在第61条、《水污染防治法》在第97条保留了环境行政调解的相关规定，保留了相关条款的各环境单行法对于环境行政调解的规定主要是一些零散的原则性规定，对于环境行政调解的性质、适用的程序、法律效力等问题缺乏统一的制度架构，同时，环保基本法和单行法对此问题规定的不同，会导致环境行政部门对法律选择适用的困难，此外，环境行政调解的启动条件、程序等制度尚不完善，关于调解的时限、调解的方法、调解协议的要式等问题如果缺乏必要的程序透明度和结果的可预测性，将影响当事人选择适用环境行政调解。与环境行政调解有关的规范和文件多为地方政府及其环境行政主管部门发布的通知，如《淄博市生态环境局行政调解工作制度（试行）》（淄环发〔2020〕151号）、景德镇市生态环境局印发《关于进一步加强行政调解工作的实施方案》的通知（〔2020〕180号）、《南宁市环境保护局行政调解工作制度（试行）》（南环字

[2017] 139 号）等，上述规范性文件的效力等级普遍偏低，适用管理范围仅限于个别地方，各地在适用范围、受理时限、调解方法、调解时限等方面都存在规定不完整，严谨性和程序规范性不足的情形，难以形成以点带面的大调解工作机制。

（三）环境行政调解协议的司法确认需明确

由于行政调解协议的效力缺乏明确的规定，现行《民事诉讼法》以及《最高人民法院关于人民调解协议司法确认程序的若干规定》仅对人民调解协议的确认程序作出了规定，对于行政调解的司法确认未予明确。实践中有的法院认为其具有民事合同的性质，将其作为新的案件审理，要求双方当事人举证质证，并进行必要的鉴定；有的法院则只审查协议的合法性和程序正当性，确认合同的效力，如果合同有效可直接作出具有强制执行力的裁判文书。法律规定的不明确和适用中的不统一，容易影响当事人对于环境行政调解的选择，因为如果环境行政调解协议缺乏执行力，一方反悔拒不履行调解协议，另一方除了向法院起诉别无他途，无疑增加了当事人解决纠纷的时间成本和金钱成本，也损伤了环境行政部门调解人员的积极性。

（四）环境行政调解的动力不足

当前环境行政调解主要作为行政执法的辅助方式，其所具有的疏导和平复受害者不满情绪的功用往往大于其实质性的纠纷解决意义，很少有针对赔偿责任和赔偿金额的调解。[1] 享有纠纷解决能力的行政主体并无解决纠纷的动力，目前环境行政调解亟待解决的问题主要有：环境行政裁决和环境行政调解一样在现实中遇

---

[1] 冯露：《环境纠纷行政解决机制实证研究》，北京大学出版社，2016，第 57 页。

到了实践的障碍,并未得到广泛的运用。❶ 首先,法律并未将环境行政裁决作为环境赔偿民事争议解决的必经程序,环境行政主管部门对处理环境损害赔偿民事争议缺乏责任心和热情。如果环境保护行政主管部门作出了行政裁决,还有可能会因此成为行政诉讼的被告,费力不讨好,因此环境保护行政主管部门放弃行政裁决权,对相关民事争议只调不裁成为解决民事争议的首选策略。其次,环境行政调解实际上并未成为环境侵权纠纷解决的制度类型,没有专门环境行政调解的数据统计,没有专门的纠纷处理办公室和人员。此外,污染者、受害者、环保部门与政府等利害相关者存在复杂的利益关系,环保部门受制于地方政府,环境行政主管部门居中发挥类似于司法作用的纠纷处理作用,在发展经济与地方保护的矛盾面前,很难摆脱地方政府或主要领导人的意志。按照行政管理与行政处理相分离的原则,行政机关内部应设置专门的处理环境民事纠纷的审理机构和程序规则,居中裁决者应由具有环境专业知识和法律知识的人员组成。环境行政主管部门调解、裁决环境纠纷的职能未得到应有的重视,环境行政调解、裁决的组织机构建设有待完善。负责环境行政调解的工作人员缺乏足够的专业知识和法律知识,环境问题的形成与应对通常涉及自然科学上的分析与预测,具有浓厚的科技性。环境问题的规制也往往涉及具有高度复杂性的科技专业知识。环境行政调解和环境司法审判一样,均需要具有专业知识和实践经验的专家。❷

---

❶ 刘超:《疏漏与补足:环境侵权解纷中进退失据的环境行政调解制度》,《河南政法管理干部学院学报》2011 年第 3 期。

❷ 周健宇:《环境纠纷行政调解存在问题及其对策研究——基于政治传统、文化传统的视角》,《生态经济》2016 年第 1 期。

（五）环境行政调解主体的角色定位不明确

环境行政调解主体通常是环境行政主管部门及其法律规定行使环境监督管理权的相关部门，部分地区成立了专门的环境纠纷行政调解机构，例如，淄博市设立生态环境行政调解办公室解决环境纠纷。总体上，缺乏专门、独立、中立的环境行政调解机构和人员。调解机构作为环境的监管者应明确自己在环境行政调解中的角色定位，即中立的居间调解者，而非调解一方的代表，自愿合法是其基本原则，也是调解协议正当性的依据所在，反观我国对康菲公司溢油事故的处理，行政处罚处于最优先的位置，之后是政府主导下针对私益的 10 亿天然渔业资源损害赔偿和补偿基金的建立以及针对公益问题的海洋生态损害和渔业资源的修复和养护基金的建立。受害渔民渔业资源的损害赔偿属于渔民和侵权者之间的环境侵权私益纠纷，调解部门应作为中立的第三方对双方的侵权损害赔偿展开调解，但在康菲公司溢油事件中农业部、中海油、康菲公司三家协商赔款 10 亿元，却没有受害渔民的参加，❶ 行政调解主体在此事件的解决中不是中立者，而是充当了监管者代为行使和解和谈判的权利，受损害渔民作为权利主体未能获得参与调解的程序保障，调解的结果也未能尊重纠纷当事人的意愿。行政处罚及公益诉讼中的赔偿应当让位于群体诉讼中的私益赔偿的基本理念由于制度的欠缺而变得难以实现，纠纷的解决在很大程度上沦为了行政执法的附庸。

---

❶ 张亮：《康菲溢油：艰难的索赔》，《中国经营报》2021 年 2 月 6 日第 1 版。

二、生态环境损害赔偿磋商制度的适用实践

（一）我国当前生态环境损害赔偿磋商的基本程序

全面深化改革领导小组第 38 次会议在总结 2015 年以来试点经验的基础上，于 2017 年 12 月印发了《生态环境损害赔偿制度改革方案》，2018 年 1 月 1 日起实施。各地为推进改革方案的实行颁布了相应的地方规范性文件，以山东省为例，先后出台了《山东省生态环境损害赔偿制度改革实施方案》《山东省生态环境损害赔偿磋商工作办法》《山东省生态环境损害修复效果后评估工作办法》，对磋商程序进行了细化。2020 年 8 月，生态环境部联合自然资源部、司法部、农业农村部等 11 个部门印发了《关于推进生态环境损害赔偿制度改革若干具体问题的意见》，就负责磋商的工作部门和机构、案件线索来源、索赔的启动、生态环境损害的调查、鉴定评估、磋商协议的达成、磋商的次数和期限❶、对赔偿义务人担责的鼓励、与公益诉讼的衔接、生态环境的修复、修复效果的评估、公众参与、信息共享等程序问题进行了细化规定。各地为进一步规范生态环境损害赔偿工作，优化工作流程，也出台了相应地推进生态环境损害赔偿制度改革工作深入开展的规范性文件，如山东省生态环境厅出台了《关于完善生态环境损害赔偿工作程序加强生态环境损害赔偿改革工作的通知》，基于上述规范，生态环境损害赔偿磋商需要经历的程序如图 4 所示。

---

❶ 磋商原则上不超过 3 次、期限不超过 90 日。

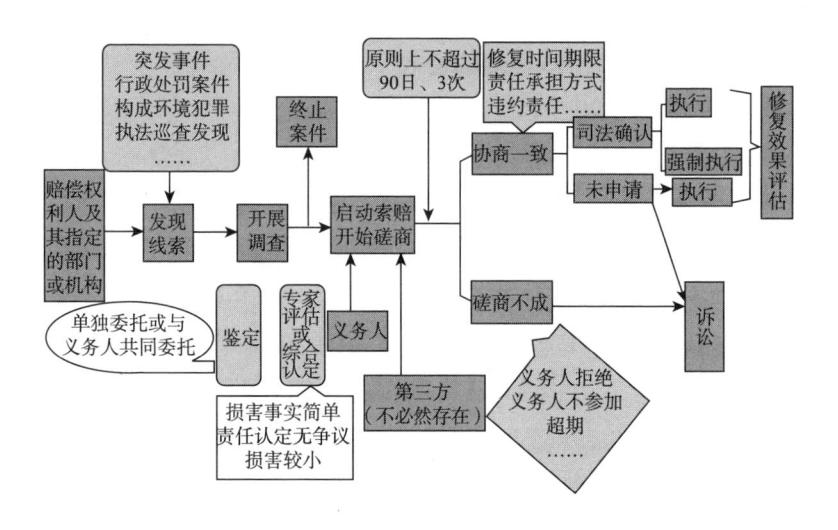

图 4　生态环境损害赔偿磋商程序❶

1. 索赔的启动

赔偿权利人指定的部门或者机构对于拟提起索赔的案件线索及时展开调查，经过调查发现符合索赔启动情形的，报本部门或者机构负责人同意后，开展索赔。根据《改革方案》的规定，需要开展生态环境损害赔偿的情形包括：（1）发生较大及以上突发环境事件的；（2）在国家和省级主体功能区规划中划定的重点生态功能区、禁止开发区发生环境污染、生态破坏事件的；（3）发生其他严重影响生态环境后果的。《改革方案》授权各地区根据实际情况，综合考虑造成的环境污染、生态破坏程度以及社会影响等因素，明确具体情形。调查可以采取资料收集、现场踏勘、座谈走访、生态环境损害鉴定评估等方式。在行政执法过程中形成

---

❶ 图 4 中义务人拒绝是指义务人拒绝参加磋商的情况；义务人不参加是指义务人没有拒绝参加磋商但他实际未参加或者中途退场等导致磋商不成的情况；超期是指超过了磋商期限，仍未达成磋商协议的情况。

的勘验笔录、询问笔录、调查报告、行政处理决定、检测或监测报告、鉴定评估报告、生效法律文书等资料可以作为索赔的证明材料。调查结束，提出启动索赔或者终止案件的意见。对于需要鉴定评估的案件，鉴定评估的方式主要包括委托符合条件的机构鉴定并出具鉴定评估报告、委托专家评估出具专家评估意见（主要适用于损害事实简单、责任认定无争议、损害较小的案件）和综合认定方式（主要根据案件相关法律文书、监测报告等相关资料进行认定）。

2. 索赔磋商阶段

赔偿权利人指定的部门或者机构根据生态环境损害鉴定评估报告或者专家意见与赔偿义务人展开磋商，磋商期限原则上不超过90日，自向义务人送达生态环境损害赔偿磋商告知书的次日起算，磋商会议原则上不超过3次。磋商达成一致的，应签订磋商协议，磋商不成的，应及时诉讼。向赔偿义务人下达的赔偿磋商通知书应附磋商意见书，赔偿义务人在规定的时间内未反馈意见的、明确表示拒绝磋商的、无故不参加或者退出磋商会议的、3次磋商会议后仍难以达成一致的、超过磋商期限仍未达成协议的视为未达成磋商。山东省生态环境厅出台的《关于完善生态环境损害赔偿工作程序　加强生态环境损害赔偿改革工作的通知》进一步明确了磋商简易程序的适用情形：一是损害数额小于30万元，损害事实简单、责任认定无争议的；二是赔偿义务人主动提高污染治理标准、扩大环境治理修复范围，对改善环境质量有明显作用的。适用简易程序的情形可以采用专家评估的方式或者综合认定的方式评估生态环境损害数额，其程序流程如图5所示。

3. 磋商协议达成后的生态修复

对于生态环境可以修复的案件，赔偿义务人可以自行修复或者委托具有修复能力的第三方社会机构修复受损的生态环境；磋商不成的应当及时提起诉讼，要求赔偿义务人承担生态环境损害赔偿责任；对于生态环境无法修复的案件，赔偿义务人缴纳赔偿金后，由赔偿权利人及其指定的部门或机构统筹组织开展生态环境替代修复。

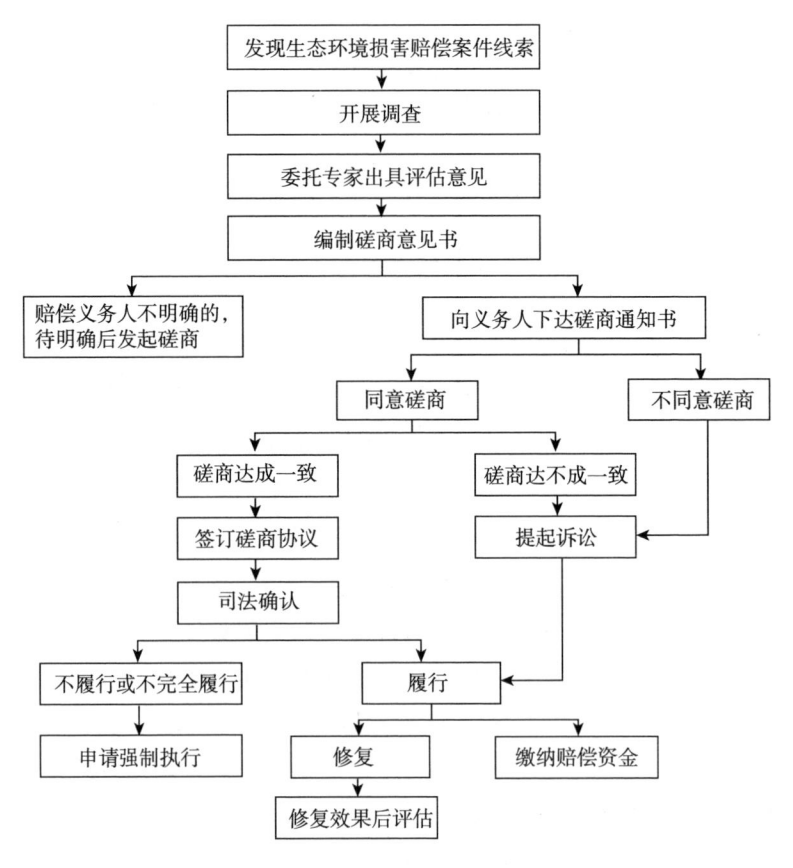

图 5　生态环境损害赔偿磋商简易程序流程

4. 生态环境修复效果评估

赔偿权利人及其指定的部门或机构在收到赔偿义务人、第三方机构关于生态环境损害修复完成的通报后，组织开展生态环境修复的效果评估，如未达到生态环境修复方案中确定的修复目标的，赔偿义务人应当继续履行修复义务，评估费用由赔偿义务人承担。

5. 与相关制度的衔接

生态环境损害赔偿协议达成后，赔偿权利人及其指定的部门或者机构与赔偿义务人可以向人民法院申请司法确认。《改革方案》建立了与公益诉讼衔接的相关告知制度，赔偿权利人指定的部门或机构在启动生态环境损害赔偿调查后可以同时告知人民法院或者人民检察院。检察机关可以为生态环境损害赔偿的磋商和诉讼提供法律支持，环境行政主管部门可以对检察机关提起的环境公益诉讼提供证据材料和技术方面的支持。人民法院受理环境民事公益诉讼案件后，应当在 10 日内告知对被告行为负有监管职责的监督管理部门。

（二）生态环境损害赔偿磋商制度的实践及现状

2018 年生态环境损害赔偿磋商制度实行以来，在各地的施行状况如何？其制度实际发挥的功能是否与制度设计时的初衷相一致？笔者就此通过生态环境损害改革进展报送系统调取了 2018 年至 2021 年某省 5 个地级市的生态环境损害赔偿磋商案件的填报资料，对其上传资料完整性、案件处理程序的规范性、鉴定评估报告/意见规范性展开审核。在案件资料完整性方面，对于经历完整流程的案件主要审核案件启动表、调查报告、鉴定评估意见/报告、磋商意见书、磋商通知书、磋商协议书、环境修复方案、环境现状恢复情况等，对于终止的案件主要审核案件启动表、调查报告、鉴定评估意见/报告、索赔终止登记表等。案件资料的规范性方面主要审核案卷档案填写的规范性及准确性，磋商协议是否明确了生态环境损害责任承担、履行方式和期限等，相关材料是否存在涂改、漏填、多填、未盖章等错误。在案件程序规范性方面，对于未开展索赔或终止的案件重点审核未索赔或终止的理由是否充分，对于采用简易程序的案件，对是否符合《关于完善生态环境损害赔偿工作程序　加强生态环境损害赔偿改革工作的通知》（鲁环函〔2020〕316号）中的情形进行审核。对鉴定评估报告/意见主要审核鉴定评估报告/意见中的案件评估范围，损害事实确认、因果关系分析、环境损害量化过程是否符合相关技术指南的要求。

1. 某省A市（地级市）生态环境损害赔偿磋商案件的基本概况

（1）区域分布。生态环境损害赔偿改革进展报送系统显示A地区目前填报案例数192件，填报案件中有116件属于未结案正在调查或未结案已进入磋商程序的情形，已结案件共计76件（2019年1件，2020年75件），结案率39.5%。本次审核从已结案件中抽取64件开展审核，抽取率84.2%。64件案件中地级市辖区发生的案件12件，下属县发生的案件52件，其中某县填报22件，占比34.3%。

（2）案件评估情况。在本次审核的案件中，采用司法鉴定机构出具评估结果的案件有2个，司法鉴定机构均为同一家鉴定机构，其中一个案件是由环境科学研究院进行成分化验，化验结果采取专家评估的方式确定是否构成生态环境损害；采用专家评估形式出具评估结果的案件有14个；采用生态环境部门综合认定的案件有5个，64个案件中有43个案件未上传相关材料，具体情况如表1、图6所示。

表1　案件评估统计表

序号	类型	审核数量/个
1	司法鉴定机构	2
2	专家评估	14
3	生态环境部门综合认定	5

图 6　评估机构统计

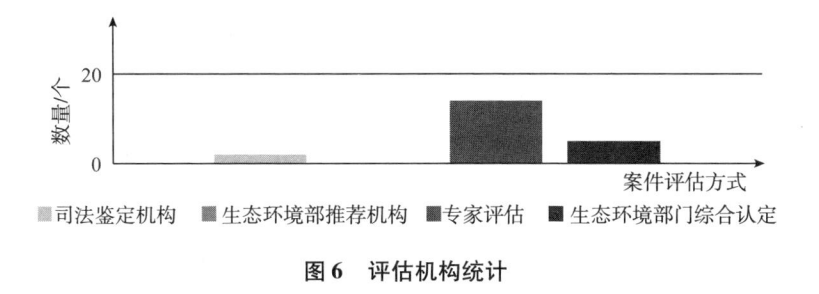

（3）涉及的生态环境损害类型。系统允许选择的生态损害类型包括大气、土壤和地下水、地表水和沉积物、海洋与海岸带、生态破坏 5 类。对于生态破坏的含义及其与其他 4 类生态环境损害类型的关系未给出明确的界定和解释。实践中对于生态破坏的理解是指因污染环境、破坏生态造成大气、地表水、地下水、土壤、森林等环境要素和植物、动物、微生物等生物要素的不利改变，以及上述要素构成的生态系统功能退化，其内涵包含了 5 类中的其余 4 种类型，如果对生态破坏类型未给出明确的解释，即为上述 4 类之外的生态损害类型，这种情况容易在实践中造成适用上的混乱。目前地方在系统填报时出现理解上的混乱，64 个案件生态损害填报的类型包括 2 件为大气损害，6 件为土壤和地下水损害，1 件涉及土壤、地下水和生态破坏。55 件选择了生态破坏的案件类型，其中有 48 件系填报错误，有 25 件案件其实属于大气损害的案件、17 件案件其实属于地表水和沉积物损害的案件、6 件案件其实属于土壤和地下水损害的案件。

（4）案卷完整性和规范性。上传资料完整性方面，审核的 64 个案件中有 13 个案件只上传了案件启动表，占比 20.3%；只有案件启动表和会议纪要的案件有 2 个，占比 3.1%；只有案件启动表和行政处罚决定书、责令改正违法行为决定书的案件有 26 个，占比 40.6%。上传磋商意见书、磋商告知书的案件较少，仅 1 个，占比 1.56%，该案件经检测后属一般固体废物，专家评估意见为含少量有机物，建议制砖使用，本案件未签订磋商协议，不符合开展生态环境损害赔偿的条件，应终止案件。签订并上传磋商协议的案件 13 件，占比 20.3%。对修复后情况进行验收或情况描述的案件 15 件，占比 23.4%。

上传资料规范性方面，审核的 64 个案件中，有 58 个案件上传了案件启动表，其中 21 个案件的案件启动表资料填报不规范，存在的问题主要包括：无立案号、立案号填写不规范、上传的启动表与本案无关、意见栏内容为空、落款时间填写不完整、赔偿义务人的统一社会信用代码和法定代表人的相关内容未填写。13 个案件上传了生态环境损害赔偿磋商协议，存在的主要问题是磋商协议条款不全面，因案而异，2020 年 8 月之后案件的赔偿协议基本符合国家和地方提供的示范文本的内容要求，但对于该地方生态环境损害赔偿磋商办法列举的赔偿协议应包括的内容未全面落实，其中担保方式、争议的解决途径、不可抗力因素的处理及其他事项鲜有写进赔偿协议中的，部分赔偿协议将履行赔偿责任的方式和期限与修复启动时间、期限、修复承担主体合二为一进行描述，部分案件有违约责任条款，部分案件没有，随意性较大。对修复阶段审核的 64 个案件中，15 个案件上传资料中提及修复方案，修复方案大部分在磋商协议中简单提及；仅有 15 件案件上传了生态修复后效果评估和验收材料，占比 23.4%。

（5）程序适用和鉴定评估报告/意见的规范性。审核的 64 个案件中，17 个案件适用了简易程序，其中 3 个案件不符合适用简易程序的条件，1 个案件应终止案件。部分案件的鉴定评估报告/意见缺少相关现场检查笔录、调查询问笔录、检测报告、监测报告等附件；缺少专业的监测或检测报告，无法确认评定结果的准确性及有效性；有些案件缺少生态修复措施及修复效果后评估报告。

（6）存在的问题。一是 40% 以上的案件将之前的行政处罚案件材料上传，事后补传一张生态环境损害赔偿案件启动审批表，虚假填报一些不属于或未真正开展生态环境损害磋商的案件。如某案件上传了某玻璃有限公司于 2018 年 4 月 17 日因超过大气污染物排放标准排放污染物而被作出的责令改正违法行为决定书和 2018 年 6 月 20 日作出的罚款 40 万元的行政处罚决定书。然后于 2020 年 11 月 25 日上传了 1 份生态环境损害赔偿案件启动审批表，无其他任何开展磋商赔偿的证明材料。部分案件磋商赔偿协议和专家评估意见的内容还是之前行政处罚的事实和整改内容，未真正开展生态环境损害赔偿磋商，例如，某件于 2018 年 8 月发生的渗漏液外溢事件，2019 年 5 月 25 日整改完成并于网站公示。2020 年 8 月 2 日同一天形成了专家意见与赔偿协议，在履行责任的方式和期限的条款里均是过去发生的事实和整改内容，不涉及任何根据专家意见开展生态环境损害赔偿的内容。

二是磋商协议签订主体不适格的问题。2018 年印发的《改革方案》中，明确国务院授权省级、市地级政府（包括直辖市所辖的区县级政府）作为本行政区域内生态环境损害赔偿权利人。之后各地出台的磋商办法规定由省级、市地级政府指定的相关部门或机构开展磋商活动，如 2018 年施行的《山东省生态环境损害赔偿磋商办法》第 2 条和《江苏省生态环境损害赔偿磋商办法（试行）》第 3 条均规定，生态环境损害赔偿磋商是省政府、设区的市政府指定相关部门或机构与赔偿义务人就生态环境损害赔偿有关事宜开展的磋商活动。省和设区市政府国土资源、环境保护、住房城乡建设、水利、农业、林业、海洋与渔业等相关部门或机构代表本级赔偿权利人主动与赔偿义务人开展磋商。2020年8月印发的《关于推进生态环境损害赔偿制度改革若干具体问题的意见》将生态环境损害赔偿磋商协议的签订主体由赔偿权利人进一步扩大至《改革方案》中的赔偿权利人指定的生态环境、自然资源、住房城乡建设、水利、农业农村、林业和草原等相关部门或机构，并将示范文本的签章主体改为：赔偿权利人或其指定部门、机构（盖章）。2019年5月，山东省高级人民法院印发《关于办理生态环境损害赔偿协议司法确认案件若干意见（试行）》，该意见适用于政府及其指定的部门或机构依据《生态环境损害赔偿制度改革方案》的规定，与违反法律法规造成生态环境损害的单位、个人或其指定的主体经磋商达成生态环境损害赔偿协议（以下简称赔偿协议）后，共同向人民法院申请司法确认的情形。该意见所称的政府是指省级、市级政府。经市级政府授权的县级政府及其相关职能部门也可以作为赔偿协议的磋商主体和申请司法确认的主体。实践中，部分案件由县一级政府作为赔偿协议的签订主体、部分案件由县级的相关职能部门作为赔偿协议的签订主体，依据相关规范性文件，上述主体签订的赔偿协议是否具有法律效力，一般认为县级政府可以作为磋商赔偿协议的签订主体，县级政府的相关职能部门不能作为赔偿协议的签订主体。

三是案件系统填报普通不规范。有的是案例名称填报不规范，部分案件把几百字的案情简介作为案例名称，有的案件把涉案的赔偿义务人的名字作为案例名称；存在赔偿权利人填报错误、责任人填报错误、损害类型填报错误、线索来源未填报、案件办理进展填报错误等问题。很多案件填写磋商不成、诉讼结案，但其实有些没有真正开展磋商，有些是已经签订了磋商协议并完成了修复，有些是作为没有修复后验收评估的借口。案件概述部分许多案件填报"详见附件"，部分采用替代修复的案件未在系统填报中予以特别说明。部分案件存在同一案件占用了多个案号的情况。对专家意见中的专家没有上传相应的资质证明材料。部分案件存在将专家对会议纪要最终达成的统一意见作出的评估意见作为专家意见的情况。

2. 某省 B 市（地级市）生态环境损害赔偿磋商案件的基本概况

（1）区域分布。生态环境损害赔偿改革进展报送系统显示该地区目前填报案件 60 件，填报案件中有 20 件属于未结案正在调查或未结案已进入磋商程序，已结案件共计 40 件，结案率 66.7%。本次审核从已结案件中抽取 34 件开展审核（2020 年 29 件，2021 年 5 件），抽取率 85%。共审核案件 34 件，下属县发生案件 27 件，占比 79.4%。

（2）评估机构。审核案件中，采用鉴定评估机构出具评估结果的案件 4 件；采用专家评估形式出具意见的案件 11 件，仅在系统填报中填写专家评估并未提供相关材料的有 18 个，采用生态环境部门综合认定的案件 1 件，具体情况如表 2、图 7 所示。

表 2　评估机构统计情况

序号	类型	审核数量/个
1	司法鉴定机构	0
2	生态环境部推荐机构	4
3	专家评估意见	29
4	生态环境部门综合认定	1

图 7　评估机构统计

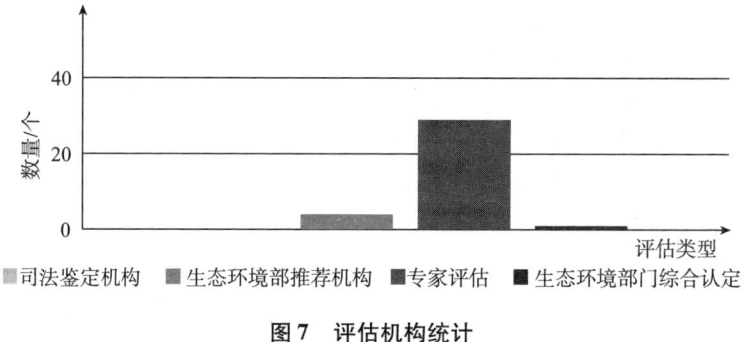

（3）生态环境损害的类型。抽取的某省 B 市（地级市）生态环境损害赔偿磋商案件中，10 件为大气环境损害案件、21 件为地表水和沉积物损害案件，4 件为生态破坏案件。相比较 A 市在理解上的混乱，B 市未出现填报错误的情况，其对于生态环境损害类型的分类参照了《生态环境损害鉴定评估技术指南》对于环境要素的分类。《江苏省生态环境损害鉴定评估管理办法（试行）》将生态环境损害鉴定评估的主要领域分为地表水和沉积物环境损害鉴定评估、空气污染环境损害鉴定评估、土壤与地下水环境损害鉴定评估、近海海洋与海岸带环境损害鉴定评估、生态系统环境损害鉴定评估和其他环境损害鉴定评估。其中生态系统环境损害鉴定评估主要对动物、植物等生物资源和森林、草原、湿地等生态系统，以及因生态破坏而造成的生物资源与生态系统功能损害的鉴定评估；其他环境损害鉴定评估主要包括由于噪声、振动、光、热、电磁辐射、核辐射等污染造成的环境损害鉴定评估。填报系统是以鉴定评估的主要领域设计的分类，其对生态系统破坏的界定与法理上对生态破坏的界定内涵和外延截然不同，不熟悉系统设计初衷的填报者容易发生误读。

（4）上传资料的完整性和规范性。21 个案件上传了案件启动审批表，占比 61.7%，已上传的案件启动表资料填报大多规范，偶尔出现缺少签名或盖章以及日期的情况；15 个案件上传了鉴定评估报告或专家意见，占比 44.1%。32 个案件上传了磋商协议书，占比 94.1%，2020 年 8 月之后案件的赔偿协议基本符合《关于推进生态环境损害赔偿制度改革若干具体问题的意见》提供的示范文本的内容要求，但对于地方磋商办法补充规定的协议内容未全面落实，其中担保方式、争议的解决途径、不可抗力因素的处理及其他事项鲜有写进赔偿协议的，个别案件上传的协议书不规范，有 1 件案件上传了协议书初稿，与示范文本规范的内容不统一，且没有签字盖章；仅有 5 个案件上传了磋商意见书，占比 14.7%，部分案件未标注赔偿义务人联系方式、缺少专家意见、担保方式的内容；仅有 6 个案件上传磋商告知书，占比 17.6%，未标注被通知人统一社会信用代码，尚未有案件上传单独的调查报告（含专家意见）。16 个案件有环境修复方案，上传资料的案件中修复方案大部分在磋商协议中简单提及，部分案件将修复方案写进了会议纪要。

（5）程序规范性。一些案件仅上传了磋商协议或案件启动表等材料，无法判断是否适用了简易程序；其中有一个案件，使用了专家评估作为鉴定评估意见，不合法，因该案属于倾倒危险废物的案件，不适用简易程序，不适用专家评估。

（6）鉴定评估报告/意见规范性。一是绝大多数案件相关附件不全，如勘验笔录或询问笔录，调查报告，检测、监测报告，环境影响评价文件等，导致对于案件的评估结果认定或专家意见等缺乏审核评定依据。二是一些鉴定评估报告或意见中没有明确生态环境损害修复的区域范围和时间要求，部分生态损害赔偿专家意见书不规范，专家的单位和职称资质都没有体现；有些修复方案缺少专家或专业机构的审定，很多生态修复后的效果也没有后期跟踪调查和专业评估，或生态环境损害修复效果的验收结果只有通过的结论，缺少相关佐证材料。一些案件评估报告适用的评估标准不明确，如在一起乱砍滥伐林木造成的生态环境损害案件中，其评估报告（或专家意见）的评估标准不明确，对生态损害的具体评估指标及标准没有写出来，存在损害价值量化值及赔偿数额偏小的问题。三是对于简易案件的认定过于宽松，个别超过30万元的案件没有评估鉴定报告，只有专家意见或综合结论。四是大气污染的损害鉴定评估由于受到条件限制，没有对污染物进行监测（或检测），由此损害程度与损害范围无法确认，相应地，修复后也没有数据表明对空气的污染损害已修复。五是专家意见中引用的规范不是最新版本，如在一起案件中专家意见引用的《火电厂大气污染物排放标准（DB37/ 664—2013）》有烟尘数的标准，而《火电厂大气污染物排放标准（DB37/ 664—2019）》版中已更改为颗粒物排放浓度。

（7）其他相关问题。有重复立案的情况，出现多起案件号上传的是同一个案件资料以及不同案件同一个案件号的情况，磋商告知书中没有明确告知被告知人反馈意见的时限以及有权聘请律师协助办理磋商事宜的权利。大多数案件适用了简易程序，但在材料中并没有明确此案适用了简易程序，建议对适用简易程序的案件在案件启动表或者其他材料中明确标出，针对固体废弃物、危险废弃物倾倒等不应适用简易程序，建议今后开展线索调查时，核实案件是否涉及固体废弃物、危险废弃物倾倒，一旦涉及，则不再适用简易程序。磋商协议的主体应与县级及以上人民政府或市级生态环境部门签订磋商协议。

3. 某省C市（地级市）生态环境损害赔偿磋商案件的基本概况

（1）区域分布。生态环境损害磋商案件填报系统共下载案件

100 件，其中 32 件属于未结案正在调查，已结案件共计 68 件（2020 年 57 件，2021 年 11 件）。因已结案件中有 40 件案件属于同一地点、同一批次办理的养殖污染案件，且该系列类案上传材料及系统填报具有同质性，故仅挑选其中一起案件作为代表。综合以上原因，本次审核从已结案件中抽取 23 件开展审核，抽取率 79.3%。其中 12 件案件发生在市辖区，11 件案件发生在下辖县。

（2）评估机构情况。中采用司法鉴定机构出具的评估结果的案件有 15 个，司法鉴定机构涉及 5 家，相较其他城市运用机构鉴定的案件数量较多，涉及机构较为多样化。采用专家评估形式出具评估结果的案件有 3 个；采用生态环境部门综合认定的案件有 4 个，鉴定比例达到 78%，其他机构 1 个（县森林公安机构），具体见表 3。

表 3　评估机构统计

序号	类型	审核案件数量/个
1	司法鉴定机构	15（环境保护科学研究所有限公司 1 个；中衡环境检测有限公司 1 个；远通监测有限公司 3 个；君成环境检测有限公司 4 个；华能科技有限公司 6 个）
2	生态环境部推荐机构	无
3	专家评估	3
4	生态环境部门综合认定	4
5	其他机构	某县森林公安局 1

（3）涉及的生态环境类型。某省 C 市（地级市）生态环境损害赔偿磋商案件的类型涉及大气环境损害 6 件、土壤和地下水环境

损害6件，地表和沉积物环境损害5件，生态破坏环境损害6件。

（4）上传资料的完整性与规范性。该市办结的生态环境损害赔偿案件均未严格按照案件办理要求上传材料，存在的主要问题为：一是仅有两个案件上传了调查报告；二是部分案件虽上传了鉴定评估意见及修复后评估意见，但是该意见/报告未盖章签署，有两个案件有两个专家仅一个签署；三是大部分案件未上传磋商过程性文件，缺少的资料集中在磋商意见书、告知书；四是部分案件上传的磋商协议未盖章以及存在案件办结方式为诉讼结案仍上传磋商协议的情况。

启动阶段上传的案件审批表较规范，但缺少启动阶段的调查报告和会议纪要。磋商阶段存在的主要问题是某些案件办理进展为磋商不成，诉讼结案的材料中仍上传了磋商协议，有些磋商协议未经签署即上传，有些上传的磋商协议虽已签署，但未标注签署日期。修复阶段，部分案件仅上传了修复后的图片，无修复方案和修复后评估意见。其中有一起终止案件的理由为赔偿义务人已完成了环境修复的义务，依据是赔偿义务人自行委托的鉴定机构出具的鉴定意见，该做法的合法性存疑。

（5）程序规范性。一是在案件办理过程中，部分案件缺少磋商过程性文件，如支持提起生态环境损害赔偿的调查报告、磋商意见书、告知书等程序性文件。二是未严格区分简易程序与普通程序办理的案件，资料不能完全体现案件办理流程。三是部分终止案件的终止理由缺乏必要支撑，如污水处理超负荷运行，认定损害主体是广大人民群众，找不到赔偿义务人而终止案件。四是移交给其他部门办理的案件未上传后续办理进展，如三个案件均为转交有关部门办理，但未保留前期办案过程中形成的文件，仅有案件移交单。

(6) 鉴定评估报告的规范性审核。有些案件缺少相关附件，如勘验笔录或询问笔录，调查报告，检测、监测报告，环境影响评价文件等，因此评估结果的认定或是专家意见等缺乏可审核的评定依据；一些修复方案缺少专家或专业机构的审定，且没有明确生态环境损害修复的区域范围和时间要求；大多数案件缺少生态环境损害修复评估。一起案件阐明事实是污水厂汛期超负荷运行，致使部分雨污混流直排进入河流支流，造成河道污染。但将案件的责任人认定为人民群众，并提出无法确定索赔主体而结案，这不太合理。一方面污染是否得到清除、生态损害自然恢复程度未知，且若没有后期技术改进，此种类型的污染事件再发概率很大，建议应对水体污染损害进行调查、评估量化，并要求污水厂采取相应技术措施，积极解决汛期超负荷运行导致排污超标的问题。

4. 某省 D 市（地级市）生态环境损害赔偿磋商案件的基本概况

（1）区域分布。从填报系统下载案件 82 件，其中 19 件属于未结案正在调查或未结案已进入磋商程序，已结案件共计 63 件（2019 年 1 件，2020 年 52 件，2021 年 4 件），从已结案件中抽取 56 件开展审核，从未结案件中抽取 1 件（该案虽未结案，但已签署磋商协议、确认赔偿金额）开展审核。共审核案件 57 件，抽取率 90.5%，其中市辖区案件 12 件，下辖县案件 45 件。

（2）评估机构情况。该市采用司法鉴定机构出具评估结果的案件有 8 个；采用生态环境部推荐机构出具评估结果的案件有 3 个，推荐机构为山东省环境科学研究院、环境保护部南京科学研究所；采用生态环境部门综合认定的案件有 29 个；采用专家出具评估意见的案件 6 件，17 件案件未提供鉴定评估的相关材料。

（3）生态环境损害的类型。

表 4　生态环境损害的类型

序号	类型	审核数量/个
1	大气	42
2	地表和沉积物	5
3	土壤和地下水	10

该市大气环境损害案件占比较大，67件案件中有42件属于大气环境损害，土壤和地下水案件有10件，如表4所示。其中一起违法排放水污染物案重复上传，案情相同，一次显示类型为地表和沉积物，另一次显示类型为土壤和地下水。

（4）资料的完整性和规范性。

表 5　上传磋商文本统计

资料名称	上传数量/个	上传数量占比
案件启动表	14	0.25
调查报告	12	0.21
鉴定评估意见或报告	8	0.14
磋商意见书	2	0.03
磋商告知书	5	0.09
磋商协议书	46	0.81
环境修复方案	39	0.68
环境现状恢复情况	13	0.23

根据表5的统计，大多数案件上传了磋商协议书和环境修复方案，极少数案件上传了鉴定评估意见或报告、磋商意见书和磋商告知书，对于程序性材料重视不够。上传资料规范性方面，启动阶段上传的案件启动表大致规范，一些细节问题还须注意，如应填的案号和线索来源，承办人应填写意见后再签字。磋商阶段，双方的基本信息应该罗列完整。

某些在磋商协议中作为证据的检测报告出具日期晚于磋商协议达成日期，初步判定磋商之前并未进行鉴定评估；大多数协议中缺少履行方式和期限、担保方式、争议解决、违约责任和不可抗力的相关约定；部分案件协议文本十分简单，仅有一张纸，没有按照规范文本格式展开；在某些案件中，区县级生态部门作为磋商主体时，协议盖章主体应为区县级政府。某些案件在修复阶段没有完整独立的修复方案，都体现在磋商协议中，比较简单；某些案件关于环境恢复现状的材料，只有几张图片，没有辅助性的文字性说明，证明力弱；大多数案件没有进行修复效果后评估，导致结案依据不明确。

（5）程序规范性。审核案件中有29件采用的是生态环境主管部门综合认定的鉴定方式，17件显示无鉴定机构，由此可以推定该46件案件均采用了简易程序，占审核案件数量的80.7%，在磋商程序中，大多数案件程序均或多或少有所欠缺，主要存在以下问题：采用简易程序的前提不明确，是否适用专家认定或生态部门综合认定没有说明；绝大多数案件未上传磋商告知书、磋商意见书及修复效果后评估申请书。采简易程序的磋商协议大都只有一张纸，十分简洁，许多条款没有约定，责任亦不明确。

（6）存在的问题。44个案件显示诉讼结案，但仅有磋商协议，没有后续的司法材料；部分案件没有说明生态环境部门综合认定的依据；没有区分赔偿金额中的提标改造金额；磋商协议签订主体为区县级环境局，不符合法律规定；部分案件文件上传不完整，许多案件只有磋商协议。

今后需要在以下方面予以改进。在进行生态环境损害赔偿磋商之前，应明确该案是否符合磋商条件；开展磋商过程中，应注意程序的规范性和完整性，严格按照规范文本格式和程序进行，注意区县级环境部门不可以作为磋商协议的盖章主体，应为区县级政府；委托鉴定机构或专家评估时，应明确其资质，并形成规范的评估文件；赔偿金额应区分企业自身发展所必需的金额与提标改造的金额，明确多少钱用于替代赔偿；已进行行政处罚的案件再次开展赔偿磋商时，应对其必要性予以说明。

5. 某省 E 市（地级市）生态环境损害赔偿磋商案件的基本概况

（1）区域分布。从填报系统共下载 2018—2021 年的案件 34 件，其中 10 件属于未结案正在调查，2 件属于未结案，已进入磋商程序，已结案件共计 22 件，从已结案件中抽取 22 件开展审核，抽取率 100%，从未结案件中抽取 2 件开展审核。该市共审核案件 24 个，其中 17 件发生在市辖区。

（2）评估机构情况。审核案件中，没有采用司法鉴定机构出具评估结果的案件；没有采用生态环境部推荐机构出具评估结果的案件；采用专家评估形式出具评估结果的案件有 7 个；没有采用生态环境部综合认定的案件。其他 17 个案件均没有填报并提供鉴定评估报告/意见。

（3）生态环境损害类型。审核的案件中，损害类型为大气的 15 件，占审核案件总量的 62.5%，生态破坏类型占审核总量的 16.7%，地表水和沉积物类型占审核总量的 4.17%，土壤和地下水类型占审核总量的 16.7%。大气在 E 市的生态环境损害类型中占绝对多数，具体情况见表 6 所示。

表 6　生态环境损害类型统计

类型	审核数量/个	系统填报错误案件数/个	填报错误案件的案号	具体错误内容
大气	15	0	—	—
生态破坏	4	2	［2021］1 ［2021］2	损害类型应为"地表水和沉积物"

续表

类型	审核数量/个	系统填报错误案件数/个	填报错误案件的案号	具体错误内容
地表水和沉积物	1	0	—	—
土壤和地下水	4	0	—	—

（4）资料的完整性和规范性。大部分案件上传了案件启动表或调查报告中的一个，多数案件上传的磋商协议书的格式、内容以及赔偿权利人的盖章主体不规范，磋商意见书、磋商告知书和鉴定评估/意见上传较少，且大部分案件不明确鉴定机构，只有少数案件上传环境修复方案或在磋商协议书、环境情况说明中对环境修复方案有所说明。

终止案件均上传了案件启动表、调查报告和索赔终止登记表，均未上传相应的鉴定评估意见或报告。其中有一个案件上传了2017年6月专家对土壤的评估意见和2021年1月5日某环境测试分析有限公司对于地下水的检测报告，但这两份报告均不是针对该案件的环境问题作出的，与该案件的曝气设施和异味处理设施并没有关联，因此不能作为该案件的鉴定评估意见或报告。

案件的启动阶段，案件启动表和调查报告填写总体较规范，磋商阶段多数案件缺少磋商意见书和磋商告知书；磋商协议书中大部分都缺少"履行赔偿责任的方式和期限，担保方式，修复启动时间、期限及承担主体，违约责任，争议的解决途径，不可抗力因素的处理及其他事项"等相关内容；磋商协议书中的赔偿权利人主体多数不适格，修复阶段多数案件没有提交环境修复方案，少数案件在环境情况说明或者磋商协议书中有修复方案部分。

(5) 程序规范性。少数案件采用了简易程序且这些案件损害数额小于 30 万元，损害事实简单、责任认定无争议，同时由专家出具评估意见，符合适用简易程序的情形，但这些案件均未上传专家的资质证明，对专家的评估意见的专业性和规范性缺乏参照。

(6) 鉴定评估报告/意见规范性。个别案件处理过于简易，调查报告没有反映出现场勘查情况及检测分析，且缺少鉴定评估报告或专家意见的相关内容。鉴定评估报告不完整，只有调查报告。一些鉴定评估报告或意见中没有明确生态环境损害修复的区域范围和时间要求。缺少生态环境修复后评估报告。缺少生态环境损害评估报告书或专家意见书附件，无法判定鉴定评估报告/意见规范性。

第三节　权利保障型环境行政救济的实践探索

一、环境信访的实践及现状

（一）环境信访的基本状况

环境信访主要通过检举、揭发环境违法行为以及侵害公民、法人或其他组织合法权益的行为，对环境保护工作提出意见、建议和要求，向环境行政主管部门提出批评、建议和要求，由有关行政机关依法处理的活动。环境信访是观察环境领域问题和矛盾的重要窗口，1995 年全国环境信访来信总数为 58 678 封，来访批次 94 798；2001 年来信总数增长到 367 402 封，来访批次 80 575；2010 年来信总数增长到 701 073 封，来访批次 34 683，来信总数增长近 11 倍。❶ 2001—2012 年来访批次有所回落，但来访人数下降不明显，说明群体性环境信访在增加，如表 7 所示。2001—2010 年环境信访的上访中，整个村或几个村的联合上访占多数。上述环境信访问题如果得不到及时的疏导和解决，大多有转化为环境群体性纠纷甚至"环境群体性事件"❷ 的可能。从纠纷类型来看，大气纠纷和噪声纠纷所占比重最大，其次是水纠纷。依据信访行为的主要表现形式，学者归纳出不同的解释范式，有组织依法抗争、维权型上访、谋利型上访、要挟型上访、表演型上访、底线型上访等，❸ 环境信访的目的主要是解决环境污染问题及补偿自己的损失，是在强政府、强企业、弱公民的形势下，选择的一种较为实用的利益表达方式，是监督环境行政机关依法进行环境治理工作和有效行使行政职权的重要途径，具体情况如表 7 或表 8 所示。

表 7　2001—2020 年环境信访基本情况❹

年度	来信总数/封	来访批次/人数	当年结案的环境民事诉讼案件数/个	行政复议/个	当年结案的环境行政诉讼案件数/个
2001	367 402	80 575/95 033	—	—	696（结）
2002	435 020	90 746/109 353	—	—	993

---

❶ 参见 2001—2015 年《中国环境统计年报》，其中 2007—2009 年环境信访来信总数及来访批次参见杨朝霞、黄婧：《如何应对中国环境纠纷》，《环境保护》2012 年第 Z1 期。

❷ 环境群体性事件是指因环境矛盾引发的、由部分公众参与并形成有一定组织和目的的集体上访、集会、阻塞交通、聚众闹事、围堵党政机关等，并对政府管理和社会造成影响的行为。参见中国行政管理学会课题组：《群体性突发事件研究专辑》，《中国行政管理》2002 年第 5 期。

❸ 张金俊：《诉苦型上访：农民环境信访的一种分析框架》，《南京工业大学学报》（社会科学版）2014 年第 1 期。

❹ 环境数据来源于《全国环境统计公报》和《中国法律年鉴》。

续表

年度	来信总数/封	来访批次/人数	当年结案的环境民事诉讼案件数/个	行政复议/个	当年结案的环境行政诉讼案件数/个
2003	525 988	85 028/120 246	1 540	230	579
2004	595 852	86 892/130 340	4 453	271	616
2005	608 245	88 237/142 360	1 545	211	399
2006	616 122	71 287/110 592	2 146	208	353
2007	123 357	43 909/77 399	1 085	521	—
2008	705 127	43 862/84 971	1 509	528	—
2009	696 134	42 170/73 798	1 783	661	—
2010	701 073	34 683/65 948	—	—	—
2011	201 630	53 505/107 597	—	—	—
2012	107 120	53 505/96 145	—	—	—
2013	103 776	46 162/107 165	—	—	—
2014	113 086	50 934/109 426	—	—	—
2015	121 462	48 010/104 323	—	—	—
2016	—	65 831（微信）	—	562	—
2017	409 548（电话）	129 417/79 878（微信/网上）	—	—	—
2018	365 361（电话）	250 072/80 766（微信/网上）	—	—	—
2019	1 334 712（电话）	195 950/62 239（微信/网上）	—	—	—

续表

年度	来信总数/封	来访批次/人数	当年结案的环境民事诉讼案件数/个	行政复议/个	当年结案的环境行政诉讼案件数/个
2020❶	231 297（电话）	204 483/33 327（微信/网上）	—	—	—

表8 2004—2008年全国环境信访受理的纠纷类型❷

纠纷类型	2004年/件	2005年/件	2006年/件	2007年/件
固废纠纷	10 674	10 890	8 538	3 762
水纠纷	68 012	66 660	73 133	23 788
噪声纠纷	254 089	255 638	263 146	40 638
大气纠纷	234 569	234 908	242 298	45 986

（二）环境信访在纠纷预防中的功能

在环境信访领域，始于20世纪90年代的研究集中于环境信访的特点、问题及对策分析，较少涉及基础理论。2006年《环境信访办法》实施后，环境信访的理论研究初步展开。谢伟（2008）、张兰（2010）、王勇（2014）、赵欣华（2015）、郇庆治（2016）等学者的论文和著作，分别从纠纷解决和政府规制的视角对环境信访的本质、定位、纠纷类型、实际运作效果、理念和价值等基本问题展开了研究。核心论述了由于信访表达内容的杂糅，应从

---

❶ 2020年，全国生态环境系统积极推进信访投诉工作机制改革，实现了从被动应对向主动作为、从程序终结向群众满意、从"小环保"向"大环保"转变，做到了信息来源、工作平台、分析研判、部门管理"四个统一"，构建起责权清晰、协调统一的"大信访"工作格局，来解决群众反映的重复信访问题，成效显著。

❷ 冯露：《环境纠纷行政解决机制实证研究》，北京大学出版社，2016，第22页。

公权和私权两个方面清晰定位环境信访，依照法定途径分类处理信访问题，建立与环境信访对接的环境公益诉讼制度。上述成果为从行政救济的角度对环境信访开展研究奠定了基础。

环境污染受害者的诉求内容可以分为赔偿型和防止型。赔偿型系针对已发生之公害提出损害赔偿请求；防止型则指于公害逐渐发生之际，或有发生之虞时，以抗争运动之方式，达到消减公害之目的。防止型信访诉求、长期污染型纠纷在实践中居多，主要要求减少严重影响生活的污染问题。选址型问题引发的环境信访说明政府在政策评估时更看重建设项目的经济前景而忽视了对环境的保护。根据《环保领域信访问题法定途径清单》，环境信访主要分为四类：第一类，环保业务类。主要包括举报违法排污行为；举报未取得许可从事相关活动；举报环评、监测、鉴定等中介机构工作不规范；举报基层政府等非环保系统工作人员干扰环境执法；申请调解污染损害赔偿民事纠纷；申请公开环保部门政府信息；应环保部门要求提出意见建议。第二类，复议、诉讼类。主要包括不服环保行政部门行政许可、行政处罚等具体行政行为；不服环保部门对举报、投诉事项的处理意见等；依据法律、法规等应当通过诉讼、行政复议途径处理的事项。第三类，信访类。主要包括反映环保部门（含直属单位）及其工作人员的不作为、乱作为；对行政管理工作的意见和建议；要求对法律、法规和规章作出"解释"。第四类，非环保部门职能类。主要包括市容环境、城乡规划、城市综合管理、农产品安全、野生动植物保护、河道湖库管理、矿山秩序、财产损害鉴定、安全生产、产业政策等与保护环境有关，但不属于环保部门职能的问题。除复议、诉讼类环境信访外，多数环境信访通过行政执法的方式解决，行政执法的解决方式主要包括环境行政命令和环境行政处罚，环境行政命令的形式有责令改正，限期整改、治理，限期搬迁；责令停产、停业属于环境行政处罚。环境行政部门在解决纠纷中大量采用行政命令和行政处罚，成为预防和制止生态损害的重要方式。

二、环境知情权和公众参与权的立法与适用实践

环境知情权和公众环境治理参与权是提升环境治理水平，减少因市场或政府失灵而造成的环境资源损失的重要途径，环境知情权和公众参与权实现的基本前提是环境信息公开。

（一）环境知情权的相关立法内容

1. 何谓"环境信息"

对"环境信息"的界定是研究环境信息公开制度的基本前提，目前国际社会并未形成一个统一公认的环境信息概念。2008年《环境信息公开办法》中，将环境信息划分为政府环境信息和企业环境信息两类，2020年实施的《公共企事业单位信息公开规定制定办法》和2022年实施的《企业环境信息依法披露管理办法》仅从掌握环境信息主体的角度对环境信息作了划分，并未涉及环境信息概念的内涵和外延。《〈奥胡斯公约〉执行指南》也未通过下定义的方式对环境信息作出详尽的界定，而是将其划分为三类并采用分别列举的方式阐释环境信息的内涵和外延，认为环境信息主要指：（1）环境要素的状况（如空气、大气层、水、土地、自然风景区、生物多样性及其组成部分，包括转基因生物等）以及这些要素的相互作用情况；（2）正在影响或可能影响环境要素的诸因素（如物质、能量、噪音、辐射等）、活动、采取的环境措施以及在环境决策中使用的经济分析及假设；（3）正在或可能被上

述要素或因素影响的人类健康与安全状况、文化遗址和建筑结构等。❶《〈奥胡斯公约〉执行指南》扩大了欧共体理事会通过的《1990年环境信息指令》中对于环境信息的界定，将环境信息概括为环境要素的状况及相互作用、人类对环境的影响或可能影响；环境对人类的影响或可能影响三类。❷ 比较之下，《〈奥胡斯公约〉执行指南》对于环境信息的界定更为全面、严谨，具有更大的包容性，为对环境信息公开的范围界定的兜底条款的解释提供了较为实用的标准。

2. 环境信息公开的概念

环境信息公开是政府部门、企事业单位或者其他组织将其所掌握的与生态环境相关的涉及人类自身发展和可持续发展的状况的信息，在一定范围内通过一定的方式公开，确保公众的知情权和公众参与环境治理的基本权利的实现，督促污染者控制排污，达到改善环境质量的目的。环境信息公开包含两种形式，一种是公众申请公开，另一种是政府主动公开。获取环境信息是公众的一项基本权利，许多国际条约都将环境信息公开作为缔约方的一项义务。

3. 环境信息公开的权利主体和义务主体

环境信息公开的权利主体是指在环境信息公开法律关系中权利的享有者，主要是指享有环境知情权，有权要求环境信息公开的义务主体履行其公开义务的主体。我国2015年实施的《环境保护法》设立专章规定"信息公开与公众参与"，赋予公民、法人和其他组织依法获取环境信息的权利。外国人和无国籍人未纳入我

---

❶ The Aarhus Convention: An Implementation Guide. United Nations Economic Commission for Europe. Second Edition, 2013. p. 6.

❷ 陈海嵩：《论环境信息公开的范围》，《河北法学》2011年第11期。

国环境信息公开的权利主体范围。环境信息公开的义务主体主要包括政府机关（各级人民政府环境保护主管部门和其他负有环境保护监督管理职责的部门）、企事业单位和其他社会组织。《环境保护法》将重点排污单位和依法应当编制环境影响报告书的建设单位纳入了强制性公开环境信息的主体，其他一般企业根据《环境信息公开办法（试行）》可以自愿公开环境信息。

4. 环境信息公开的范围与例外

依据《〈奥胡斯公约〉执行指南》对环境信息的界定，凡是属于环境要素的基本情况、人类对于环境的影响及环境对于人类的影响的范围，除有例外规定都应纳入环境信息公开的范围。我国目前的立法缺乏对环境信息外延提炼归纳式的分类列举，仅以政府环境信息和企业环境信息为分类对政府需要主动公开的事项和企业需要公开的事项进行了细化的列举。对于环境信息概念外延的列举是无穷尽的，需要主管部门在特定的案例中给予一定程度的解释。

并不是所有属于环境信息范围的信息都会予以公开，对于那些涉及国家秘密、商业秘密、个人隐私的政府环境信息不得公开。由于环境信息关乎社会公众的健康和环境保护等社会公共利益，环境信息公开的例外设定具有相对性，需要政府机关在公开的利益和不公开的利益之间进行衡平和裁量或经权利人同意。各国均规定了排放污染物的信息不能以涉及商业秘密为由拒绝公开。

（二）环境信息公开的现状与问题——以山东省为例

1. 政府公开环境信息数量自 2014 年起迅猛增长，范围不断扩大

2008 年是《政府信息公开条例（2019 年修订）》和《环境信息公开办法（试行）》公布后的第一年，山东省环境保护厅（现生

态环境厅）自 2008 年起每年编制环境信息年度报告，明确职责分工，根据部门职责，编制了公开指南和信息目录，分为机构职能、政策法规、环保规划、业务工作、环境统计和其他 6 类 21 项。2008—2017 年，环境信息公开的数量逐年递增最后迅猛增长，通过《山东环境》门户网站发布的环境信息从 2008 年的 48 条增加至 2016 年的 10 698 条。2008 年至 2013 年平稳增长（2009 年是因为发布了 858 条政策性规范性文件而发生数字突增），2014 年至 2016 年环境信息公开数量增速迅猛，政府加大了对于空气质量、建设项目环境影响评价、污染源环境监管等社会关注度高的环境信息的公开力度。2015 年实现了公众可通过网站、微博、微信查询大气环境质量和各月全省空气质量状况，增加了水环境质量信息公开，以月报形式发布重点流域 77 条河流、1 条排海管线的 107 个断面点位信息水质状况，每月通报"基本消除劣五类水体工作进展情况"。推进突发环境事件信息公开，核辐射安全信息公开，按月分批次发布辐射安全许可证新领、延续、重新申领等相关信息，在年度环境质量状况公报中公开了辐射环境监测信息。2016 年，推进网站在线动态服务，通过《环境信访舆情执法联动工作程序》，建立了公众环境举报、信访、舆情和环保执法联动机制，实现了从舆情监测、公众举报、环境执法到案件移交的全环节、全流程有机衔接❶。具体情况如图 8 所示。

　　环境信息公开的范围不断扩大，由原来主要涉及机构设置、职能、法律法规、规划、环境质量状况等信息，向主要污染物排放、排污许可证颁发、固体废物产生量、处置状况、污染严重企业名单、突发环境事故应急方案等方面扩大。与此同时，2009 年

---

❶ 参见山东省环境保护厅 2011—2016 年历年政府信息公开年度报告。

同期上海市环保局、广东省环保厅环境信息公开的数字已分别达到 21 447 条、13 855 条。❶ 山东省在环境信息公开工作方面与东部沿海发达城市差距较大。

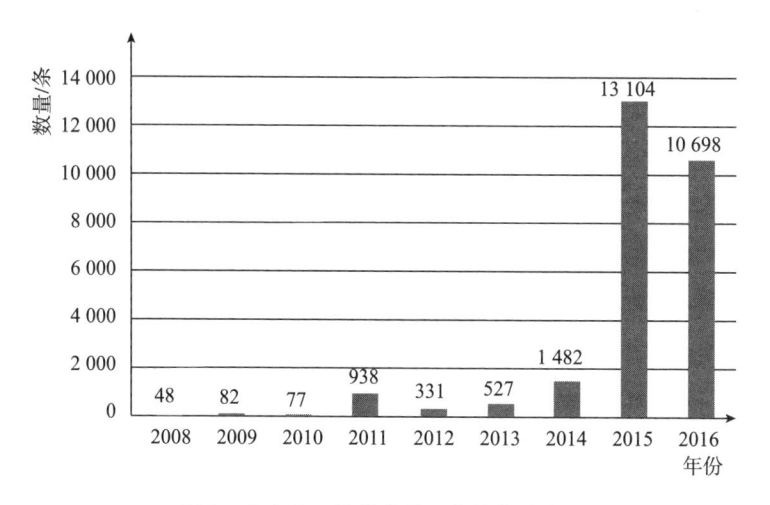

图 8　山东省环境信息公开数量年度变化

2. 申请政府信息公开的数量逐渐增多，行政救济措施应用较少

山东省内公众申请环境信息公开的数量逐步增加，权利意识不断增强，如图 9 所示。拒绝公开环境信息的原因主要集中在非本机关掌握、涉及国家机密、申请信息不存在、需要更改补充、通过其他途径办理等几个方面，如表 9 所示。申请公开信息涉及的内容在政府年度报告中未呈现，针对环境信息公开的行政复议和行政诉讼数量很少。2008 年至今，山东省环保厅环境信息公开年度报告显示仅在 2011 年发生了 1 件行政复议案件，即政府信息公开申请因邮寄到省环保信息与监控中心，未能及时收到申请件，超

---

❶ 贺桂珍、吕永龙、张磊、Mol Arthur P. J.、冯嫣：《中国政府环境信息公开实施效果评价》，《环境科学》2011 年第 11 期。

过办理时限，申请人提起行政复议，经沟通协调并及时提供申请的政府信息，申请人撤销了复议。因此，环境信息公开领域行政复议与行政诉讼等救济措施应用较少。[1] 山东环保组织绿行齐鲁发布的《污染源监管环境信息公开指数排名报告（2014—2015）》中，依申请公开环境信息部分，山东省 17 个地市的得分分别为青岛、东营、菏泽满分 8 分，德州 7.8 分、济宁 7.6 分、临沂、烟台、淄博、潍坊 7.2 分，威海 6.8 分，莱芜 6.6 分，滨州 6.2 分，枣庄、济南 4.8 分，泰安 4.4 分，日照 0.6 分。在 2008—2015 年评分较低的日照市环保局，仅在 2010 年收到一份环境信息公开申请，其余年份未收到任何环境信息公开申请。2016 年出现了改变，收到环境信息公开申请 9 条，3 条因申请人申请信息不充分而给予退回。如图 9，表 9 所示。

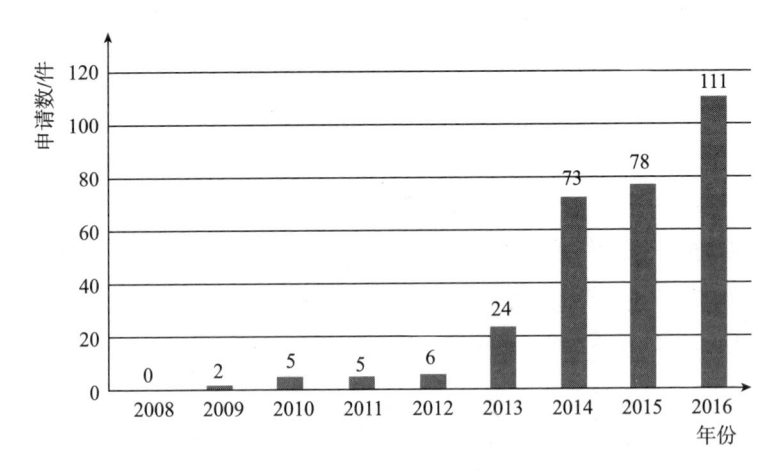

图 9　山东省环境信息申请公开数字变化

---

[1] 参见山东省环境保护厅 2008 至 2016 年年度信息公开报告。

第三章 生态损害预防视角下环境行政救济的实践探索 | 119

表9 山东省环境信息公开处理结果统计

年份	2008	2009	2010	2011	2012	2013	2014	2015	2016
申请数量/件	0	2	5	5	6	24	73	78	111
同意公开数量/件	0	1	2	未公布	4	23	34（6件已主动公开,28件同意公开）	59（7件已主动公开,52件同意公开）	58（11件属于已主动公开,47件同意公开）
拒绝公开的原因	—	非本机关掌握	1件部分公开,1件非本机关掌握,1件其他原因	未报告	2件其他原因	1件其他原因	3件涉及国家机密不同意公开,18件非本机关掌握,11件申请信息不存在,3件告知作出更改补充,4件告知通过其他途径办理	4件非本机关掌握,11件告知信息不存在,2件告知作出更改补充,2件告知通过其他途径办理	16件部分公开,1件属于不公开机密,10件不属于本行政机关公开,2件告知作出更改补充,2件告知通过其他途径办理

3. 企事业单位环境信息公开的发展与现状

2020 年施行的《公共企事业单位信息公开规定制定办法》确立的信息公开方式以主动公开为主，原则上不采取依申请公开的方式。2022 年 2 月施行的《企业环境信息依法披露管理办法》确立了企业、事业单位强制公开和自愿公开相结合的基本原则。被列入行政区划内重点排污单位名录的单位、实施强制性清洁生产审核的企业等属于强制公开的范围，应当公开企业环境管理信息，污染物生产、治理与排放信息，碳排放信息，生态环境应急信息等。设区的市级生态环境主管部门组织制定本行政区域内的环境信息依法披露企业名单（以下简称企业名单）。青岛市 2015 年在省内率先公布了重点排污单位名录，2016 年 3 月 31 日，山东省仅有 8 个城市公开了重点排污单位名录，截至 2016 年 8 月 29 日，山东省 17 个地市全部公开重点排污单位名录。❶

4. 公众申请环境信息公开的权利意识不强，申请主体较为狭窄

环保社会组织在环境信息公开领域的影响正日益扩大，成为环境信息公开的主力军。环境信息公开可以减轻环境公益组织搜集证据的压力。在环境诉讼中的成本支出，是实现公众参与权的前提。由于环境的公益属性和国际性特征，大多数在权利主体的规定上均规定为"任何人"或者"公众"而不仅限于本国公民、法人或者其他组织，我国现行环境信息公开的申请主体不包括在我国工作或者生活的外国人或者无国籍人，限制了他们在生活工作地域知晓环境信息的基本权利。权利主体的扩大有利于引导外

---

❶ 当时适用的是 2015 年实施，现已失效的《企业事业单位环境信息公开办法》，参见温潇潇：《山东 17 城均公开重点排污单位名录，信息公开指数全国排第四》，《澎湃新闻》2016 年 9 月 14 日，http://www.thepaper.cn/newsDetail_forward_1528757.

国人、无国籍人参与到我国环境保护的行列中来。

5. 环境信息公开申请人的资格审查标准过高、缺乏拒绝的证明与解释

环境信息公开申请被拒的原因通常为所申请信息不存在或非本机关掌握，而很少提供被申请机构已尽到合理的检索义务的证据和解释。有些机构以申请人不在当地居住生活，与申请没有利害关系为由拒绝其公开申请。有些机构要求以科研为目的的申请人提供所在单位或学校的相关证明。年度报告中缺乏对于不予公开环境信息理由的具体解释，其他原因和理由很难判断其合理性。

6. 各级职能部门环境信息公开度逐级下降

上海青悦环保信息技术服务中心通过网络调研了全国省、市、县三级环境违法信息网上公开状况，环境违法信息在省级层面上100%实现了官网披露。部分省、自治区如内蒙古、辽宁实现了行政处罚书内容的公开。调查显示，山东省在地市一级全部实现了网上公开环境违法信息，全国县区中，有官网、有披露比例的，仅占39.52%。山东省有一半以上的县区搜寻不到发布环境违规信息的官网，各级政府及职能部门环境违规信息公开度逐级下降，县区一级最不乐观。❶

7. 多方主体参与的环境信息公开制度尚未形成

我国当前仍为政府主导下的环境信息公开制度，突出政府职能的发挥，政府、企事业单位、社会组织、公众多方主体共同参与的环境信息公开制度尚未形成。企业环境信息公开分为强制性

---

❶ 徐茂祝：《环保组织发布环境违法信息公开报告：省级满分，县区级或不足40分》，《南方周末》2016年8月29日，http://www.infzm.com/content/119274.

公开和自愿性公开，自愿性公开的效果往往受现阶段法律规范的引导、行业自治规范的要求和习惯、社会公众的愿望和市场的变化等因素影响。企业在环境信息公开中特别是自愿公开中往往缺乏公开的主动性，环境信息公开一般不足以影响企业的形象与竞争力，企业自愿公开的愿望较小。基于成本和监管的考虑，企业不愿投入过多的成本去建设、维护环境信息公开平台，环境信息更新不及时，企业环境专员人数少，岗位不固定，缺乏培训。甚至部分企业公开内容不真实，隐瞒处罚信息和对企业有消极影响的信息，自愿公开的企业公开内容较少，通过互联网公布环境信息的企业并不多，甚至部分获得 ISO14001 环境管理体系认证的企业向社会公开的环境信息内容也不多。[1] 企业环境信息公开不充分，部分企业仅笼统地公布了污染物排放总量，并未就排放的达标情况及排放过程中的副产品污染情况进行统计。环境信息公开缺乏统一的标准，环境信息公开后不同企业之间缺乏可比性。

三、环境行政复议的实践及研究现状

（一）环境行政复议的受案状况

随着1989年《环境保护法》和1990年《行政复议条例》的颁布实施，各级环保行政主管部门开始建立具有行政复议功能的法制机构，但环保行政复议案件寥寥无几。2004年之前环境保护部（现生态环境部）行政复议案件平均每年1—3件。1999年我国《行政复议法》颁布实施，为了该法得到进一步贯彻落实，2007年颁布了配套的《行政复议法实施条例》，2008年环境保护部（现生态环境部）

---

[1] 吴玫玫、张振华、林逢春：《基于 Internet 的企业环境信息公开评价及实证研究——对2006年中国500强企业环境信息公开度的分析》，《中国人口·资源与环境》2008年第4期。

公布了《环境行政复议办法》，环境行政复议案件急剧增加，2014年、2015年和2016年环保部受理的行政复议案件分别为102件、108件和102件，环境行政应诉案件分别为11件、16件和12件。❶

以北京市环境保护局（现生态环境局）2014年、2015年、2016年、2017年四年环境行政复议的情况为例，该局2014年办理了4起行政复议案，分别为不服环境行政处罚、行政征收、验收许可和请求确认不履行查处职责违法并责令限期履行的案件各1件。其中3件维持原具体行政行为，1件依法决定终止行政复议。其中有两起生态损害防止型行政复议，一起是由于信访后环保行政主管部门未履行查处违法排放噪声的环境污染行为的职责提起行政复议，另一起是由于举报违法生产加工地沟油多次，恶臭、噪声、废水污染严重，环保部门未对该企业依法进行处罚让其改正违法行为。具体情况如表10所示。

表10　北京市环境保护局2014年环境行政复议统计

序号	申请人	案　由	复议结果
1	郭某立	对丰台区环境保护局2013年7月27日以来未依法履行查处中国航天研究院101所违法排放噪声环境污染行为的职责不服，向北京市环保局申请行政复议，请求确认不履行查处职责违法并责令限期履行	2014年7月31日，作出复议决定，驳回申请人的行政复议申请

---

❶ 参见中国政府法制信息网关于2014、2015和2016年全国行政复议、行政应诉案件统计数据。

续表

序号	申请人	案　由	复议结果
2	北京华纺正金物业管理有限公司二分公司	不服朝阳区环保局 2014 年 6 月 10 日作出的朝环监缴字〔2014〕000324 号《排污费缴纳通知单》，对缴纳 2014 年 1 月至 3 月锅炉废气排污费 43 594.30 元的计算方法和系数的科学性表示异议，于 2014 年 6 月 23 日向北京市环保局申请行政复议	2014 年 8 月 4 日，作出复议决定，维持被申请人京朝环监缴字〔2014〕000324 号《排污费缴纳通知单》
3	许某伟	不服西城区环境保护局 2014 年 11 月 12 日作出的西环保罚字〔2014〕第 94 号《行政处罚决定书》，认为处罚 1 万元过重，于 2014 年 11 月 17 日向北京市环保局申请行政复议	2014 年 12 月 15 日，作出复议决定，维持被申请人西环保罚字〔2014〕第 94 号《行政处罚决定书》
4	王　某	申请人对被申请人 2006 年 3 月 12 日作出的通环监验字〔2006〕21 号《关于对"北京永乐废弃物混烧处理中心（增项）"建设项目验收的批复》不服，于 2014 年 12 月 2 日向北京市环保局申请行政复议。	行政复议期间，申请人撤回行政复议申请，终止行政复议

在 2015 年受理的 5 件行政复议案件中，不服环境行政处罚 2 件，不服行政许可 1 件，不服行政不作为 2 件。其中 4 件通过耐心细致的工作，在维护申请人合法权益的基础上，努力化解行政争议，并根据申请人提出的撤回行政复议申请，作出终止行政复议决定，其中 1 件依法调解。具体情况如表 11 所示。

表 11　北京市环境保护局 2015 年环境行政复议统计

序号	申请人	案　由	复议结果
1	孙某兰	对怀柔区环境保护局 2015 年 5 月 29 日作出的《关于孙某兰女士反映环保局不为其办理养猪项目环保审批手续的信访回复意见》不服，于 2015 年 6 月 29 日向北京市环保局申请行政复议	2015 年 8 月 31 日，根据申请人提出的撤回行政复议申请，依法终止行政复议
2	刘某成	对房山区环保局不依法履行公开"房山区良乡镇中心区改造项目 1 号地土地一级开发项目"的建设项目环境影响评价批复文件及申报资料的政府信息行为不服，于 2015 年 7 月 10 日向北京市环保局请行政复议	2015 年 7 月 24 日，根据申请人提出的撤回行政复议申请，依法终止行政复议
3	汪某莲	对《大兴区环境保护局关于加工蛋制品项目环境影响报告表的批复》（京兴环审〔2012〕0174 号）不服，于 2015 年 10 月 16 日向北京市环保局申请行政复议	2015 年 12 月 2 日，根据申请人提出的撤回行政复议申请，依法终止行政复议
4	北京市海淀区朝昭双语婴幼园	对海淀区环保局 2015 年 9 月 9 日作出的海环保罚字〔2015〕第 295 号《行政处罚决定书》不服，于 2015 年 11 月 5 日向北京市环保局申请行政复议	2015 年 11 月 18 日，根据申请人提出的撤回行政复议申请，依法终止行政复议
5	北京碳世纪科技有限公司	对怀柔区环保局 2015 年 10 月 12 日作出的怀环罚字〔2015〕第 4 号《行政处罚决定书》不服，于 2015 年 11 月 16 日向北京市环保局申请行政复议	2015 年 12 月 9 日，经依法调解，达成协议：将被处罚当事人变更为北京备重科技有限公司，处十万元罚款

2016年受理的26件行政复议案件中，不服信息公开7件，不服行政许可2件，不服行政处罚11件，不服行政征收6件。16件撤回行政复议申请，及时作出终止行政复议决定，6件依法调解。具体情况如表12所示。

表12 北京市环境保护局2016年环境行政复议统计

序号	被申请人	案由	复议结果
1	昌平区环保局	申请人北京国泰民安商贸有限公司不服昌环保监察罚字〔2015〕248号《行政处罚决定书》	申请人撤回复议申请，终止行政复议
2	朝阳区环保局	申请人北京吉野家快餐有限公司东坝中路餐厅不服朝环保罚字〔2015〕873号《行政处罚决定书》	申请人撤回复议申请，终止行政复议
3	西城区环保局	申请人孙某姝不服西城区环保局（2015）第6号-（1）告《政府信息公开告知书》	申请人撤回复议申请，终止行政复议
4	西城区环保局	申请人孙某姝不服西城区环保局（2015）第6号-（2）告《政府信息公开告知书》	申请人撤回复议申请，终止行政复议
5	西城区环保局	申请人孙某姝不服西城区环保局（2015）第6号-（3）告《政府信息公开告知书》	申请人撤回复议申请，终止行政复议
6	西城区环保局	申请人孙某姝不服西城区环保局（2015）第6号-（4）不存《政府信息不存在告知书》	申请人撤回复议申请，终止行政复议

续表

序号	被申请人	案　由	复议结果
7	西城区环保局	申请人孙某姝不服西城区环保局（2015）第 6 号－（5）不存《政府信息不存在告知书》	申请人撤回复议申请，终止行政复议
8	海淀区环保局	申请人北京阿露丝医疗美容门诊部不服海环保罚字〔2015〕第 398 号《行政处罚决定书》	申请人撤回复议申请，终止行政复议
9	昌平区环保局	申请人北京绿创环保设备股份有限公司环保设备厂不服昌环保监察罚字〔2015〕290 号《行政处罚决定书》	申请人撤回复议申请，终止行政复议
10	朝阳区环保局	申请人张某光、周某宇、李某不服朝环保审字〔2016〕0004 号《关于对北京大西北餐饮管理有限责任公司项目环境影响登记表的批复》	维持原具体行政行为
11	朝阳区环保局	申请人北京华纺正金物业管理有限公司二分公司不服京朝环监限字〔2016〕2 号《排污费限期缴纳通知书》	申请人撤回复议申请，终止行政复议
12	房山区环保局	申请人刘某苗不服房环保审字〔2010〕0143 号《关于京石二通道（大苑村－市界段）高速公路工程建设项目环境影响报告书的批复》	维持原具体行政行为

续表

序号	被申请人	案　由	复议结果
13	朝阳区环保局	申请人北京威立雅污水处理有限责任公司（北苑污水处理厂）不服京朝环费字〔2016〕000540号《排污核定与排污费缴纳决定书》	申请人撤回复议申请，终止行政复议
14	朝阳区环保局	申请人北京北排水环境发展有限公司（小红门再生水厂）不服京朝环费字〔2016〕000390号《排污核定与排污费缴纳决定书》	申请人撤回复议申请，终止行政复议
15	丰台区环保局	申请人北京城市排水集团有限责任公司（方庄污水处理厂）不服丰环费字〔2016〕000602号《排污核定与排污费缴纳决定书》	申请人撤回复议申请，终止行政复议
16	朝阳区环保局	申请人北京城市排水集团有限责任公司（高碑店污水处理厂）不服京朝环费字〔2016〕000391号《排污核定与排污费缴纳决定书》	申请人撤回复议申请，终止行政复议
17	西城区环保局	申请人孙某姝不服西城区环境保护局〔2016〕第5号-非本《非本机关政府信息告知书》	责令被申请人依法告知申请人公开申请的政府信息的行政机关的名称、联系方式

续表

序号	被申请人	案由	复议结果
18	朝阳区环保局	申请人北京华汇房地产开发中心不服京朝环费字〔2016〕Z001047号《排污核定与排污费缴纳追缴决定书》	申请人撤回复议申请，终止行政复议
19	石景山区环保局	申请人付某仙不服石环保罚〔2016〕39号《行政处罚决定书》	当事人经调解达成协议
20	石景山区环保局	申请人李某花不服石环保罚〔2016〕40号《行政处罚决定书》	当事人经调解达成协议
21	石景山区环保局	申请人王某华不服石环保罚〔2016〕41号《行政处罚决定书》	当事人经调解达成协议
22	石景山区环保局	申请人王某霞不服石环保罚〔2016〕42号《行政处罚决定书》	当事人经调解达成协议
23	石景山区环保局	申请人赵某平不服石环保罚〔2016〕43号《行政处罚决定书》	当事人经调解达成协议
24	石景山区环保局	申请人胡某德不服石环保罚〔2016〕44号《行政处罚决定书》	当事人经调解达成协议

续表

序号	被申请人	案　由	复议结果
25	西城区环保局	申请人孙某妹不服西城区环境保护局〔2016〕第5号-非本（复议）《重新答复告知书》	维持原具体行政行为
26	丰台区环保局	申请人李某荣不服丰环保监察罚字〔2016〕313号《行政处罚决定书》	申请人撤回复议申请，终止行政复议

2017年受理25件行政复议案件，不服行政处罚的22件，不服信息公开的2件，不服投诉举报答复的1件。申请人撤回行政复议申请，及时作出终止行政复议决定20件，依法调解3件。具体情况如表13所示。

表13　北京市环境保护局2017年环境行政复议统计

序号	被申请人	案　由	复议结果
1	大兴区环保局	申请人中国物流有限公司北京分公司不服兴环保监罚字〔2016〕第196号《行政处罚决定书》	申请人撤回复议申请，终止行政复议
2	密云区环保局	申请人北京蓝风家禽养殖有限公司不服密环保罚字〔2016〕85号《行政处罚决定书》	当事人经调解达成协议
3	通州区环保局	申请人北京天食艺餐饮有限公司不服通环监罚字〔2016〕第592号《行政处罚决定书》	申请人撤回复议申请，终止行政复议

续表

序号	被申请人	案由	复议结果
4	通州区环保局	申请人北京天食艺餐饮有限公司不服通环监罚字〔2016〕第595号《行政处罚决定书》	当事人经调解达成协议
5	怀柔区环保局	申请人王某恩对被申请人未履行公开有关建设项目环评批复文件及申报材料政府信息的职责不服	申请人撤回复议申请，终止行政复议
6	昌平区环保局	申请人北京金隅北水环保科技有限公司凤山矿不服昌环保监察罚字〔2016〕418号《行政处罚决定书》	维持原具体行政行为
7	通州区环保局	申请人北京颐和万丰装饰有限公司不服通环监罚字〔2016〕第539号《行政处罚决定书》	申请人撤回复议申请，终止行政复议
8	海淀区环保局	申请人北京派邦机械设备有限公司不服海环保罚字〔2017〕第221号《行政处罚决定书》	申请人撤回复议申请，终止行政复议
9	昌平区环保局	申请人北京铁路电气化学校不服昌环保监察罚字〔2017〕33号《行政处罚决定书》	维持原具体行政行为
10	通州区环保局	申请人北京德富泰印务有限公司不服通环监罚字〔2017〕第379号《行政处罚决定书》	当事人经调解达成协议

续表

序号	被申请人	案　由	复议结果
11	朝阳区环保局	申请人陈某竹不服朝阳区环境保护局（2017）第 1587 号-答《政府信息公开申请答复告知书》	申请人撤回复议申请，终止行政复议
12	海淀区环保局	申请人北京金隅商贸有限公司不服海环保罚字〔2017〕第 405 号《行政处罚决定书》	申请人撤回复议申请，终止行政复议
13	海淀区环保局	申请人北京金隅商贸有限公司不服海环保罚字〔2017〕第 406 号《行政处罚决定书》	申请人撤回复议申请，终止行政复议
14	海淀区环保局	申请人北京金隅商贸有限公司不服海环保罚字〔2017〕第 407 号《行政处罚决定书》	申请人撤回复议申请，终止行政复议
15	海淀区环保局	申请人北京金隅商贸有限公司不服海环保罚字〔2017〕第 408 号《行政处罚决定书》	申请人撤回复议申请，终止行政复议
16	朝阳区环保局	申请人北京富鹏混凝土有限责任公司不服朝环保罚字〔2017〕516 号《行政处罚决定书》	申请人撤回复议申请，终止行政复议
17	丰台区环保局	申请人北京聚贤园酒店管理有限公司不服丰环保监察罚字〔2017〕507 号《行政处罚决定书》	申请人撤回复议申请，终止行政复议

续表

序号	被申请人	案由	复议结果
18	通州区环保局	申请人北京大宗伟业汽车部件有限公司不服通环监罚字〔2017〕第832号《行政处罚决定书》	申请人撤回复议申请，终止行政复议
19	通州区环保局	申请人北京大宗伟业汽车部件有限公司不服通环监罚字〔2017〕第839号《行政处罚决定书》	申请人撤回复议申请，终止行政复议
20	通州区环保局	申请人北京大宗伟业汽车部件有限公司不服通环监罚字〔2017〕第842号《行政处罚决定书》	申请人撤回复议申请，终止行政复议
21	通州区环保局	申请人北京大宗伟业汽车部件有限公司不服通环监罚字〔2017〕第843号《行政处罚决定书》	申请人撤回复议申请，终止行政复议
22	丰台区环保局	申请人北京右面餐饮有限公司不服丰环保监察罚字〔2017〕555号《行政处罚决定书》	申请人撤回复议申请，终止行政复议
23	丰台区环保局	申请人北京首开鸿云楼餐饮有限公司不服丰环保监察罚字〔2017〕558号《行政处罚决定书》	申请人撤回复议申请，终止行政复议

续表

序号	被申请人	案 由	复议结果
24	丰台区环保局	申请人北京禧多宝餐饮有限公司不服丰环保监察罚字〔2017〕559号《行政处罚决定书》	申请人撤回复议申请，终止行政复议
25	西城区环保局	申请人郭某东不服《北京市西城区环境保护局投诉举报事项答复意见书》（编号：2017—152号）	申请人撤回复议申请，终止行政复议（2018年1月1日结案）

表14 近四年北京市环境保护局复议类型及结果统计

年度及合计	2014年/件	2015年/件	2016年/件	2017年/件	合计/件
依法履行监管职责	1	2	0	0	3
申请信息公开	0	0	7	2	9
行政处罚	1	2	11	22	36
投诉举报答复	0	0	0	1	1
行政许可	1	1	2	0	4
行政征收	1	0	0	0	1

北京市环境保护局近四年分别受理环境行政复议案件4件、5件、26件和25件，环境行政复议案件数量在2016年、2017年增长较快。近四年环境行政复议类型中不服环境行政处罚案件居多，共计36件，占比60%，申请信息公开案件9件，占比15%，不服行政许可、行政征收、行政不作为和投诉举报答复的案件占比相对较少，环境行政复议对于生态损害预防功能的发挥不明显。四年共计60起环境行政复议案件中有1起复议案件获得支持，责令

被申请人依法告知申请人公开申请的政府信息的行政机关的名称、联系方式；8 起案件维持原具体行政行为；41 件复议案件撤回行政复议申请；10 件复议案件达成调解协议。申请人多为行政相对人，利害关系人或基于公益提起环境行政复议的案件较少，其解决行政争议的效率与功效还远低于预期。❶ 具体情况如表 14 所示。

同数量庞大的环境信访相比，行政复议这种争议的解决方式利用率偏低，未能最大化发挥其预防生态损害的效用。随着生态文明建设的不断深入推进，生态环境监管部门按照源头严防、过程严管、后果严惩的总体要求，不断扩大执法覆盖面，执法数量、频率加大，2018 年生态环境领域行政复议案件出现了较大幅度的增长，同比增长 42.4%，行政应诉案件同比增长 54.6%。❷

（二）环境行政复议的现状及主要问题

环境行政复议是指不服环境行政行为的环境行政相对人向法定的行政主体提出申请，请求依照法定程序对引起争议的环境行政行为进行审查并作出相应复议决定的活动。

1. 环境行政复议的受案范围大于环境行政诉讼

环境行政复议的受案范围大于环境行政诉讼，《行政复议法》规定，认为行政机关的具体行政行为侵犯其合法权益的，公民、法人或者其他组织可以依法申请行政复议。行政复议时认为具体行政行为所依据的规定不合法的，可以申请一并审查国务院部门的规定、县级以上地方各级人民政府及其部门的规定、乡镇人民

---

❶ 根据北京市环境保护局关于 2014—2017 年度行政复议和行政诉讼情况公开报告统计。
❷ 王玮：《生态环境行政复议案件有较大增长》，《中国环境报》2019 年 3 月 29 日，https://www.cenews.https://www.cenews.com.cn/legal/201903/t20190329_896397.html。

政府的规定。《行政诉讼法》第 12 条规定的受案范围是认为行政机关侵犯其他人身权、财产权等合法权益的以及法律、法规规定可以提起诉讼的其他行政案件。行政行为的相对人以及其他与行政行为有利害关系的公民、法人或者其他组织，有权提起诉讼。相较行政诉讼，行政复议将抽象行政行为纳入复议的范围，复议不仅要审查行政行为的合法性，还要审查行政行为的合理性。

2. 环境行政复议中利害关系人的认定

环境行政复议和环境行政诉讼制度设计上应重点考虑环境的公益性。《行政复议法》及其实施条例对于环境行政复议利害关系人的认定标准、参与复议的方式等问题均未作出明确的规定。环境保护领域的具体行政行为往往涉及人们生活在其中的生态环境，利害关系人的界定决定了行政复议制度对于生态环境保护和监督行政机关依法行政功能的发挥。环境行政复议的利害关系人除了包括行政相对人外，还应包括利益受具体行政行为侵害的特定主体，如对环境有影响的各种规划、开发和建设项目、排污设计的许可等，行政相对人在获批许可后一般不会提起行政复议，但环境利益受到损害的特定主体如周边居民应当有权提起环境行政复议。同时，环境行政主体的具体行政行为有可能对生态环境本身造成负面影响，侵害了环境公共利益，能够提起环境行政公益诉讼的主体也应具有提起环境行政复议的申请资格。[1] 2009 年 7 月，重庆绿色志愿者联合会（以下简称绿联会）针对金沙江水电项目提起环境公益行政复议，要求国家发展和改革委员会、环境保护部撤销规定水电工程实行两步环评的红头文件，纠正利用前期工

---

[1] 张立锋、李俊然：《环境行政复议制度的困境及出路》，《河北学刊》2012 年第 5 期。

程"倒逼"主体工程上马的水电建设惯例，这是国内民间社团首次提请环境行政公益复议，并得到了受理。❶ 但在 2010 年 10 月 29 日，重庆绿联会提出环境行政复议申请，要求福建省环保厅撤销《关于紫金矿业集团股份有限公司紫金山金铜矿的行政处罚决定书》，责令福建省环保厅重新调查取证时，却因该行政处罚对绿联会没有产生实际影响，绿联会与该处罚没有利害关系，故认为该复议申请不符合法定受理条件。

3. 相较环境司法，环境行政复议灵活性不足

环境行政复议对于立法没有明确规定的创法行为相较环境司法不够灵活。如康菲公司溢油案中，渔民请求农业部履行行政职责，依照渔业事故调查处理程序组织进一步调查论证，对申请人海参养殖场所处的滨海养殖区是否受到污染，海参的死亡原因作出正确的结论并书面告知申请人，国家海洋局回应复议请求中没有具体的行政行为，不符合行政复议的范围。政府是否应出面完成污染损失鉴定缺乏立法的明确规定。目前行政复议制度尚未能应对日益复杂的社会问题，其解决行政争议的效率和功效还远低于预期。

---

❶ 重庆绿色志愿者联合会提出的复议请求为：环境保护部《关于责令金沙江鲁地拉水电站停止建设的通知》（环办函〔2009〕602 号）和《关于责令金沙江龙开口水电站停止建设的通知》（环办函〔2009〕603 号），适用法律不全面不严格，不认真追究未批先建违法行为，请求撤销这两个通知，重新作出行政处罚。应该由被申请人依照《环境影响评价法》第 25 条、第 31 条第 2 款和《行政处罚法》有关规定，制作行政处罚决定书，包括停止主坝工程建设，停止"三通一平"、导流洞施工、围堰修建等改变生态环境原状的工程前期准备工作，同时依法对建设单位并处 20 万元的最高额罚款。参见黄珊：《金沙江水电事件续：NGO 将提起环境公益诉讼》，http://news.sohu.com/20090730/n265585428.shtml，访问日期：2009 年 7 月 30 日。

四、环境行政诉讼的立法进程与实践

(一)环境行政诉讼案件受理情况分析——以北京市环保局 2014—2017 年受理的案件为例

2014 年在北京市环境保护局应诉的 11 件环境行政诉讼案件中,不服该局环评审批许可的 3 件,不服行政处罚、信息公开、驳回行政复议申请和诉北京市环保局不履行职责的各 2 件。海淀区人民法院作出驳回原告起诉的行政裁定的 7 件,原告主动申请撤回起诉的 4 件。具体情况如表 15 所示。

表 15　北京市环境保护局 2014 年环境行政诉讼统计

序号	申请人	案　由	裁判结果
1	北京太和东园物业管理服务中心	不服京环保监察罚字〔2014〕23 号处以 8 万元罚款行政处罚决定,2014 年 4 月 8 日向海淀区人民法院提起行政诉讼	2014 年 5 月 8 日,海淀区人民法院作出行政裁定,准许原告撤回起诉
2	北京太和东园物业管理服务中心	不服京环保监察罚字〔2014〕24 号处以 1 万元罚款行政处罚决定,2014 年 4 月 8 日向海淀区人民法院提起行政诉讼	2014 年 5 月 8 日,海淀区人民法院作出行政裁定,准许原告撤回起诉
3	王某清	不服北京市环保局作出的信访事项复查意见,要求履行查处职责,2014 年 3 月 19 日向海淀区人民法院提起行政诉讼	2014 年 5 月 15 日,海淀区人民法院作出裁定,驳回原告起诉;2014 年 9 月 1 日,北京市第一中级人民法院驳回上诉,维持一审裁定

续表

序号	申请人	案由	裁判结果
4	王某林、刘某海等6人	不服京环审〔2011〕358号朝阳区三间房乡D区农民回迁安置用房建设项目环评批复，2014年2月11日向海淀区人民法院提起行政诉讼	2014年5月9日，海淀区人民法院作出裁定，驳回原告起诉
5	吴某权	认为北京市环保局不履行监督检查并制作记录法定职责，2014年3月12日向海淀区人民法院提起行政诉讼	2014年5月12日，海淀区人民法院裁定驳回原告的起诉；2014年8月18日，北京市第一中级人民法院驳回上诉，维持一审裁定
6	王某乾 张某宝	不服京环审〔2012〕160号朝阳区十八里店乡周庄三期C组团农民安置房建设项目环评批复，2014年6月9日向海淀区人民法院提起行政诉讼	2014年8月13日，海淀区人民法院裁定驳回原告的起诉；2014年12月21日，北京市第一中级人民法院驳回上诉，维持一审裁定
7	王某乾	不服京环信息公开〔2014〕第49号信息公开告知书，2014年6月9日向海淀区人民法院提起行政诉讼	2014年6月12日，海淀区人民法院作出行政裁定，准许原告撤回起诉
8	张某宝	不服京环信息公开〔2014〕第49号信息公开告知书，2014年6月9日向海淀区人民法院提起行政诉讼	2014年6月12日，海淀区人民法院作出行政裁定，准许原告撤回起诉

续表

序号	申请人	案 由	裁判结果
9	王某乾 张某宝	不服京环审〔2011〕35号《关于十八里店乡周庄三期农民回迁房及配套设施环境影响报告书的批复》，2014年7月30日向海淀区人民法院提起行政诉讼	2014年9月29日，海淀区人民法院裁定驳回原告的起诉；2015年2月13日，北京市第一中级人民法院驳回上诉，维持一审裁定
10	郭某立	不服京环法复字〔2014〕1号《驳回行政复议申请决定书》，2014年8月13日向海淀区人民法院提起行政诉讼	2014年11月14日，海淀区人民法院裁定驳回原告的起诉；2015年3月13日，北京市第一中级人民法院驳回上诉，维持一审裁定
11	郭某立	不服京环法复字〔2014〕1号《行政复议申请受理通知书》，2014年8月13日向海淀区人民法院提起行政诉讼	2014年11月14日，海淀区人民法院裁定驳回原告的起诉；2015年3月13日，北京市第一中级人民法院驳回上诉，维持一审裁定

2015年北京市环保局应诉的2件一审环境行政诉讼案件，均为不服北京市环保局环评审批许可的案件。海淀区人民法院作出一件驳回原告起诉的行政裁定，东城区人民法院作出一件中止本案诉讼的行政裁定。具体情况如表16所示。

表 16 北京市环境保护局 2015 年环境行政诉讼统计

序号	原告	案由	裁判结果
1	金郑某遥、周某、梁某	不服北京市环保局 2015 年 6 月 10 日作出的《北京市环境保护局关于兴延高速公路工程环境影响报告书的批复》（京环审〔2015〕235 号），于 2015 年 10 月 10 日向海淀区人民法院提起行政诉讼	2016 年 3 月 18 日，海淀区人民法院作出行政裁定，驳回原告起诉。原告不服，提起上诉。目前该案正在审理中
2	周某敏、杨某、王某	不服北京市环保局 2015 年 6 月 10 日作出的《北京市环境保护局关于兴延高速公路工程环境影响报告书的批复》（京环审〔2015〕235 号），于 2015 年 10 月 30 日向东城区人民法院提起行政诉讼	2016 年 3 月 17 日，东城区人民法院作出行政裁定，中止该案诉讼

2016 年北京市环保局应诉 2 件一审环境行政诉讼案件，均为不服北京市环保局环评审批许可的案件，海淀区人民法院作出了驳回原告起诉的行政裁定。具体情况如表 17 所示。

表 17 北京市环境保护局 2016 年环境行政诉讼统计

序号	原告	案由	裁判结果
1	王某山张某明付某兰穆某明	不服北京市环保局 2005 年 9 月 30 日作出的《北京市环境保护局关于东风家园五区（第六宗地）环境影响报告表的批复》（京环审〔2005〕927 号），先向市政府申请行政复议，后又于 2016 年 2 月向海淀区人民法院提起行政诉讼	海淀区人民法院于 2016 年 8 月 11 日作出裁定，驳回原告的起诉

续表

序号	原告	案 由	裁判结果
2	刘某苗	不服北京市房山区环保局2010年4月8日作出的《关于京石二通道(大苑村-市界段)高速公路工程建设项目环境影响报告书的批复》(房环保审字〔2010〕0143号),先向北京市环保局申请行政复议,后又于2016年7月向房山区人民法院提起行政诉讼	房山区人民法院于2016年8月8日作出裁定,驳回原告的起诉

2017年北京市环保局应诉了10件一审环境行政诉讼案件,不服北京市环保局行政处罚决定和环评批复的各1件,不服北京市环保局信息公开、投诉举报答复和行政复议决定的各2件,诉北京市环保局不履行职责的2件。人民法院已经作出确认违法的行政判决1件,驳回诉讼请求的行政判决4件,准许撤回起诉或者驳回起诉的行政裁定4件,还有1个案件正在审理中。具体情况如表18所示。

表18 北京市环境保护局2017年环境行政诉讼统计

序号	原告	案 由	裁判结果
1	北京市京东物资公司	不服北京市环保局2016年11月16日作出的京环保车罚字〔2016〕7号《北京市环境保护局行政处罚决定书》,于2017年1月6日向海淀区人民法院提起行政诉讼	海淀区人民法院于2017年5月11日作出行政判决,确认违法

续表

序号	原　告	案　由	裁判结果
2	薛某兴	认为北京市环境保护局、北京市交通委员会对交通噪声污染未履行监管职责，于2017年1月16日向丰台区人民法院提起行政诉讼	丰台区人民法院于2017年2月21日作出行政裁定，准许原告撤回对北京市环保局的起诉
3	陈某明 程某新 黄　某	认为北京市环境保护局不履行法定职责，于2017年1月17日向海淀区人民法院提起行政诉讼	海淀区人民法院于2017年5月18日作出行政裁定，驳回原告的起诉
4	韩某明	不服北京市环保局作出的《北京市环境保护局政府环境信息公开告知书》（京环信息公开〔2017〕52号），于2017年5月22日向海淀区人民法院提起行政诉讼	海淀区人民法院于2017年11月17日作出行政判决，驳回原告的诉讼请求。原告不服，提起上诉，该案还在审理中
5	北京金隅北水环保科技有限公司凤山矿	不服北京市昌平区环保局作出的行政处罚决定及北京市环保局作出的行政复议决定，于2017年7月28日向海淀区人民法院提起行政诉讼	海淀区人民法院于2017年9月13日作出行政判决，驳回原告的诉讼请求。原告不服，提起上诉。北京市第一中级人民法院于2018年2月26日作出准许撤回上诉的终审裁定

续表

序号	原告	案由	裁判结果
6	田某	不服北京市环保局作出的政府环境信息公开告知书及环境保护部的行政复议决定，于2017年8月11日向海淀区人民法院提起行政诉讼	海淀区人民法院于2017年10月20日作出行政裁定，驳回原告的起诉。原告不服，提起上诉，还在审理中
7	周某东、刘某泉等8人	不服北京市环保局作出的《北京市环境保护局投诉举报事项答复意见书》（2017-31503号），于2017年9月11日向海淀区人民法院提起行政诉讼	海淀区人民法院于2018年2月7日作出行政判决，驳回原告的诉讼请求
8	北京铁路电气化学校	不服北京市昌平区环保局作出的行政处罚决定及北京市环保局作出的行政复议决定书，于2017年9月20日向昌平区人民法院提起行政诉讼	昌平区人民法院于2017年12月22日作出行政判决，驳回原告的诉讼请求
9	刘某	不服北京市环保局作出的《北京市环境保护局投诉举报事项答复意见书》（2017-79635号），于2017年11月17日向海淀区人民法院提起行政诉讼	海淀区人民法院于2018年3月9日作出行政裁定，驳回原告的起诉
10	王某等17人	不服北京市环保局《北京市环境保护局关于南沙滩东路3号建设项目环境影响报告表的批复》（京环审〔2008〕1060号），于2017年11月17日向海淀区人民法院提起行政诉讼	正在审理中

2018年发生的环境行政诉讼案件中,有68.4%的案件当事人没有选择行政复议,而是直接寻求司法救济。2018年3月26日,在国新办举行的2018年全国行政复议、行政应诉情况新闻发布会上,司法部副部长赵大程介绍,在当年办结的行政复议案件中,有34%的案件又进入行政诉讼程序,这表明,行政复议的公信力还需要提高。

(二)环境行政公益诉讼的立法进程与实践发展

1. 环境行政公益诉讼的立法进程

(1)环境民事公益诉讼的确立。2013年1月1日起生效的新《民事诉讼法》首次规定了环境民事公益诉讼的有关条款,规定:"对污染环境、侵害众多消费者合法权益等损害社会公共利益的行为,法律规定的机关和有关组织可向人民法院提起诉讼。"

(2)《环境保护法》对环境公益诉讼原告资格的具体规定。2015年1月1日生效的《环境保护法》对有资格提起环境公益诉讼的社会组织作出了明确的界定,即依法在设区的市级以上人民政府民政部门登记,专门从事环境保护公益活动连续五年以上且无违法记录的社会组织向人民法院提起诉讼,人民法院应当依法予以受理。标志着我国特色环境公益诉讼制度的正式建立,为我国环境行政公益诉讼提供了法律基础。

(3)环境行政公益诉讼试点改革。2015年7月1日,全国人民代表大会常务委员会授权最高人民检察院在13个省、自治区、直辖市涉及生态环境和资源保护、国有资产保护、国有土地使用权出让、食品药品安全等领域开展提起公益诉讼试点。2015年7月3日,最高人民检察院发布《检察机关提起公益诉讼试点方案》,提出检察机关在履行职责中发现生态环境和资源保护领域负有监督管理职责的行政机关违法行使职权或者不作为,造成国家和社会公共利益受到侵害，公民、法人和其他社会组织由于没有直接利害关系，没有也无法提起诉讼的，可以向法院提起行政公益诉讼。提出了诉前检察建议制度，检察机关在提起行政公益诉讼之前，应当先行向相关行政机关提出检察建议，督促其纠正行政违法行为或依法履行职责。行政机关拒不纠正违法行为或不履行法定职责，国家和社会公共利益仍处于受侵害状态的，检察机关可以提起行政公益诉讼，向法院提出撤销违法行政行为、在一定期限内履行法定职责、确认行政行为违法或无效的诉讼请求。检察机关提起民事公益诉讼和行政公益诉讼，应当有明确的被告、具体的诉讼请求、社会公共利益受到损害的初步证据，并应当制作公益诉讼起诉书。

（4）《行政诉讼法》正式确立环境行政公益诉讼制度。2017年《行政诉讼法》正式在我国确立了行政公益诉讼制度。该法第25条规定人民检察院在履行职责中发现生态环境和资源保护领域负有监督管理职责的行政机关违法行使职权或者不作为，致使国家利益或者社会公共利益受到侵害的，应当向行政机关提出检察建议，督促其依法履行职责。行政机关不依法履行职责的，人民检察院依法向人民法院提起诉讼。

2018年3月，《最高人民法院、最高人民检察院关于检察公益诉讼案件适用法律若干问题的解释》进一步明确了检察机关提起行政公益诉讼的程序规则。人民检察院以公益诉讼起诉人身份提起公益诉讼，基层人民检察院提起的第一审行政公益诉讼案件，由被诉行政机关所在地基层人民法院管辖。行政机关应当在收到检察建议书之日起两个月内依法履行职责，并书面回复人民检察院。出现国家利益或者社会公共利益损害继续扩大等紧急情形的，行政机关应当在15日内书面回复。行政机关不依法履行职责的，人民检察院依法向人民法院提起诉讼。

2. 环境行政公益诉讼的实践发展

(1) 理论提出和探讨阶段(2002—2009)。我国环境行政公益诉讼的发展历史较短,理论探讨肇始于2002年,学者提出环境行政公益诉讼是公众环境权的程序保障,应当赋予公众提起环境行政公益诉讼的权利,以监督行政机关依法行政,杜绝行政机关不作为,保障公民的环境权。随着理论界探讨的不断深入,2005年国务院发布了《关于落实科学发展观、加强环境保护的决定》,提出发挥社会团体的作用,鼓励检举和揭发各种环境违法行为,推动环境公益诉讼。贵州、江苏、云南、海南等省、自治区陆续成立环保法庭,通过地方文件鼓励环境公益诉讼。如贵阳市出台的《关于大力推进环境公益诉讼、促进生态文明建设的实施意见》、《云南玉溪中级人民法院关于办理环境资源民事公益诉讼案件若干问题的意见》、《海南省高级人民法院关于环境资源民事公益诉讼试点实施意见》,但环境行政公益诉讼始终处于空白状态。❶

(2) 环境行政公益诉讼实践艰难推行阶段(2009—2015)。2009年,中华环保联合会诉贵州省清镇市国土资源局撤回有潜在污染环境危险的百花湖风景区冷饮厅加工项目土地使用权的案件,是全国首例由社团组织提起的环境行政公益诉讼案。在没有法律依据和实践范本的情况下,该案开创了社会组织行政公益诉讼的先河,是第一件法院受理并进入审理阶段的环境行政公益诉讼案件。截至2012年12月,全国法院共受理37件环境公益诉讼案件,其中,环境行政公益诉讼案件仅有4件。❷

---

❶ 滕宏庆、艾力亚尔·艾麦尔:《我国环境行政公益诉讼制度的嬗变与路向》,《政法学刊》2017年第1期。

❷ 薛志远、王敬波:《行政公益诉讼制度的新发展》,《法律适用》2016年第9期。

2013年1月1日，修订后的《民事诉讼法》规定了环境民事公益诉讼，然而中华环保联合会，于当年上半年在三个省市先后递交公益诉状，均未得到受理。理由是因尚未出台相关司法解释说明原告应具备的资格。❶ 相对于立法的进步，地方司法实践似乎尚处于观望状态。2014年10月20日，金沙县检察院以行政公益诉讼原告身份将金沙县环保局诉至有管辖权的仁怀市法院，请求判令金沙县环保局依法履行处罚职责，成为我国检察机关提起的首例环境行政公益诉讼。❷

（3）环境行政公益诉讼确立法律基础并初步发展阶段（2015—2016）。2015年1月1日生效的《环境保护法》、2015年7月3日最高人民检察院发布的《检察机关提起公益诉讼试点方案》成为我国环境行政公益诉讼确立的法律基础，环境行政公益诉讼获得了初步发展。

①2015—2016年环境行政公益诉讼案件受理数量与地域分布。笔者从中国裁判文书网、北大法宝等数据库共搜集到2015—2016年环境行政公益诉讼一审案件21件，环境行政附带民事公益诉讼一审案件1件。2015年我国受理环境行政公益诉讼案件9件，2016年我国受理环境行政公益诉讼案件12件，环境行政附带民事公益诉讼案件1件。2016年较2015年受案量有所增加。22件环境行政公益诉讼案件主要分布在福建省、山东省、重庆市等11个省、自治区、直辖市，其中贵州省数量最多，共有5件，其次为山东省，共有3件，重庆市、甘肃省、内蒙古自治区、广东省则分布较

---

❶ 金煜：《环境公益诉讼，法院"不搭理"?》，《新京报》2013年6月19日第A21版。

❷ 贾阳：《试水行政公益诉讼，贵州金沙检察院告环保局不作为》，《检察日报》2015年3月1日第2版。

少，分别为1件，其他省、自治区、直辖市未发生环境行政公益诉讼案件。可以看出，北京、内蒙古等13个省、自治区、直辖市作为改革试点（《全国人民代表大会常务委员会关于授权最高人民检察院在部分地区开展公益诉讼试点工作的决定》将试点地区确定为北京、内蒙古、吉林、江苏、安徽、福建、山东、湖北、广东、贵州、云南、陕西、甘肃等13个省、自治区、直辖市），其环境行政公益诉讼数量远大于其他未作为试点地区的数量，说明政策的支持对督促环境公益诉讼尤为重要。

②2015—2016年环境行政公益诉讼的诉讼主体。环境行政公益诉讼原告包括检察院、公民及社会组织三类。其中检察院作为原告的案件数量最多，共16件，公民作为原告的案件共5件，社会组织作为原告的案件则只有1件。被告均为行政机关或法律法规授权的组织。公民作为原告被驳回起诉的案件有两件，分别为顾某忠、杨某诉建湖县环保局不依法履行职责案和王某清诉青岛市环境保护局崂山分局、青岛市环境保护局、青岛崂山玻璃有限公司行政不作为、行政赔偿案，法院依法认定公民个人不具有提起环境行政公益诉讼的原告资格，公民举报投诉要求行政机关履行行政监管职责不属于行政诉讼受案范围，应裁定驳回起诉。对公民在环境行政公益诉讼中的原告资格认定尚存在较大争议。

③2015—2016年环境行政公益诉讼的诉讼请求。在收集到的环境行政公益诉讼案例中，均是以依法履行监管职责，申请确认行政行为违法，行政赔偿和信息公开为诉讼事由。其中前者数量最多，共有14件，信息不公开案件仅有2件，如贵州省六枝特区检察院诉丁旗镇人民政府不依法履行职责案，是全国首例由人民检察院跨行政区域向异地提起的环境行政公益诉讼案件。仅有一件环境行政附带民事公益诉讼案件，即白山市检察院诉江源区中医院和江源

区卫计局违法排放医疗水污染案。具体情况如表 19 所示。

表 19　2015—2016 年环境行政公益诉讼案件受理概况

诉讼请求❶	数量/件
依法履行监管职责	17
申请信息公开	2
确认行政行为违法	1
行政赔偿	1

④典型案例：庆云县检察院诉庆云县环保局不依法履行职责案。庆云县人民检察院在审查某污水处理厂厂长涉嫌污染环境罪案件时，发现某化学科技有限公司长期违法生产，排放大量污水造成环境污染。经调查发现，县环保局在监管过程中存在违法行为，遂根据有关规定，向环保局发出检察建议。但环保部门仍未依法正确履行监管职责，致使群众反映的问题一直未得到有效解决，国家和社会公共利益持续处于受侵害状态。庆云县人民检察院作为山东省确定的公益诉讼试点地区之一，根据《全国人民代表大会常务委员会关于授权最高人民检察院在部分地区开展公益诉讼试点工作的决定》及《检察机关提起公益诉讼试点方案》的有关规定，在严格落实诉前程序后，依法对县环保部门不依法履行职责向庆云县人民法院提起环境行政公益诉讼。

诉讼期间，庆云县环保局对照诉讼请求积极纠正了部分违法行政行为，依法履行了监管职责，检察机关的部分诉请得以实现。2016 年 4 月 29 日，庆云县人民法院就本案召开庭前会议，检察机关根据证据交换情况，将诉讼请求变更为确认庆云县环保局批准某科技有限公司进行试生产、试生产延期的行政行为违法。2016

---

❶ 案例来源：（2015）庆行初字第 54 号。

年 6 月 20 日法院一审判决支持了检察机关的诉讼请求。

该案是全国人大常委会授权检察机关提起公益诉讼试点工作后全国首例环境行政公益诉讼案件。检察机关提起环境行政公益诉讼，可以监督行政机关依法行使职权，纠正越权、滥用职权和不作为行为。检察机关在履行职责过程中，比较容易发现侵害公共利益的问题，提起环境行政公益诉讼也更有专业性、权威性和便利性。推动检察机关代表公益提起行政公益诉讼不仅有利于维护国家社会稳定和公共利益，而且能够有效监督国家行政机关依法行使职权，充分发挥检察机关的法律监督职能。

（4）环境行政公益诉讼制度正式入法后的发展（2017—2019）。2017 年《行政诉讼法》和 2018 年《最高人民法院、最高人民检察院关于检察公益诉讼案件适用法律若干问题的解释》的出台，标志着我国正式确立了环境行政公益诉讼制度。检察机关提起环境行政公益诉讼的案件数量显著增加。2018 年 1—12 月，全国检察机关办理自然资源和生态环境类案件 59 312 件，其中办理诉前程序的案件 53 521 件，经诉前程序行政机关的整改率达到 97%。❶ 2018 年检察机关提起的环境行政公益诉讼案件中，污染类别主要集中在固体废物污染和危险废物污染领域。履职诉求由之前的要求行政机关履行职责或者确认违法进一步扩大为要求污染企业停业、行政机关代替污染企业治理污染或者修复生态环境。检察机关调查取证较社会组织和个人优势明显，主要选择现场勘验、询问证人和利害关系人，委托检测公司出具检测、鉴定报告

---

❶ 董凡超：《检察机关去年立案办理自然资源和生态环境类案件 59312 件》，《法制时报·法制网》2019 年 2 月 15 日，https：//pf.rednet.cn/content/2019/02/15/505047.html。

等易获取证据且成本较低的方式，如果鉴定费用过高，则选择引进专家提供专家咨询建议的方式降低诉讼成本。❶

（5）环境行政公益诉讼的地方实践——以山东省为例。2016年以来，山东省出台了一系列加强环境公益诉讼审判工作的意见，从工作机制、裁判方法等方面作出规定，规范环境公益诉讼案件审理。2018年6月山东省检察院与省委政法委、省高级法院等5部门联合会签了《关于在检察公益诉讼工作中加强协作配合的意见》，就案件管辖、审理程序、举证责任和保全、执行等问题达成共识，依法保障检察机关充分发挥监督职能作用，支持社会组织行使环境诉讼权利。

①环境行政公益诉讼数量超过环境民事公益诉讼。2016年1月至2019年8月，山东省法院共审结环境资源案件7.6万件，年均上升13.9%，其中，环境资源行政案件审结7 121件（不包含公益诉讼）。2016年以来山东省法院受理了环境公益诉讼案件277件，公益诉讼案件呈现出地域范围逐步扩大、受保护环境公益内容更加广泛的趋势。其中，审结环境民事公益诉讼案件88件，行政公益诉讼案件114件；检察机关提起263件，公益组织提起14件。❷ 环境行政公益诉讼案件数量超过环境行政民事公益诉讼案件数量，改变了历史上以环境民事公益诉讼为主，环境行政公益诉讼数量较少的局面。

②加强与环境行政主管部门沟通协调，着力构建多元共治环境保护格局。针对在环境资源案件审理中发现的问题，加强与环

---

❶ 王惠、于家富：《2018年我国环境行政公益诉讼案例的实证研究》，《环境保护》2019年第15期。

❷ 张甲天：《关于全省法院环境资源审判工作情况的报告——2019年9月24日在山东省第十三届人民代表大会常务委员会第十四次会议上》，《山东省人民代表大会常务委员会公报》2019年第5期。

境资源行政主管部门、公安机关、检察机关的沟通协调，向有关部门提出司法建议37条。积极参与中央环境保护督察组督察反馈意见整改工作，参与节能减排、渤海综合治理等攻坚战。发挥行政调解、人民调解、行业调解、仲裁等非诉讼机制作用，形成保护合力。

CHAPTER 04 >>

第四章
域外环境行政救济构造的经验借鉴
——以瑞典为例

21世纪以来,环保法庭❶的数量在世界范围内迅猛增长。2009年有41个国家先后设立了350个环保法庭。❷ 到2016年年底,世界范围内已有44个国家建立了1 200多个专门的环境审判机构。❸ 面对日益严重的环境问题和与日俱增的环境纠纷,中国自2007年开始探索环境司法专门化❹的改革路径,在

---

❶ 这里的环保法庭主要是指专门的审判机构,还包括了在行政机构内设立的专门处理环境纠纷的裁判机制。

❷ George Pring and Catherine Pring, *Greening Justice: Creating and Improving Environmental Courts and Tribunals*(Washington: The Access Initiative, 2009), p. xi.

❸ UNEP, *Environmental Courts and Tribunals: A Guide for Policy Makers*, 2012.

❹ 环境司法专门化是指在国家或地方设立专门的司法机关,或在司法机关内部设立专门的审判、检察机构或组织进行专门的环境司法活动,包括审判组织的专门化、审理程序的专门化和审判主体的专门化三个方面。

一些地方法院相继设立环保法庭。❶ 截至 2019 年年底，全国各级法院共设立了 1 353 个"环保法庭"，其中专门审判庭 513 个，合议庭 749 个，人民法庭 91 个，共有 23 家高级人民法院施行环境资源刑事、民事、行政案件"二合一""三合一"归口审理模式。❷相较 2017 年各个类型环保法庭的数量均有较大幅度增加。现行的环境司法专门化改革在机构设置和程序规则上仍处在探索阶段，域外一些发展较为成熟的环境司法专门化改革经验对我国在此领域的改革具有一定的借鉴意义。

选择瑞典的土地与环保法庭制度作为比较考察的对象主要基于三个方面的原因：一是在环境保护领域，瑞典和中国均属于强调"公共执行"而非"私人执行"的国家；二是环保法庭作为一种专门法庭，其类型虽基于不同国家的法律文化和政治体制而各有不同，但本质上，瑞典和中国的环保法庭在类型上属于同类，两国都选择了在既有的普通法院里通过成立审判庭的方式去审理环境案件。最后，瑞典的环境司法体制经历了较长时间的发展已经进入了相对成熟的阶段，并有明确的法律依据，即 1999 年颁布的《瑞典环境法典》。以《瑞典环境法典》为依据设立的土地与环保法庭较好地发挥了生态损害预防性救济功能。

第一节　瑞典环境行政机关与司法机关在环境纠纷解决中的相互关系

瑞典的法院分为普通法院、行政法院和专门法院。普通法院

---

❶ 2007 年 11 月，贵州省清镇市人民法院成立了我国第一个环保法庭。
❷ 中国的环保法庭主要包括环境资源审判庭、合议庭和巡回法庭三种形式。参见最高人民法院 2020 年 5 月发布的《中国环境资源审判（2019）》白皮书。

由基层法院、上诉法院和最高法院三个级别的法院构成。除特别规定外，基层法院通常受理一审民事和刑事案件。为了有效地保护公民权利，瑞典设立了单独的行政法院处理行政诉讼案件。瑞典的行政法院分为三个级别：基层行政法院、上诉行政法院和最高行政法院。

1999 年，《瑞典环境法典》的颁布替代了之前 15 部分散的环境单行立法，确立了环境领域协调统一的法律适用规则，大部分内容为行政法，同时也包括一些赔偿规则、刑罚规则和法院的设置与组成规则，其主要目标在于集中统一处理环境纠纷，特别是建立环境行政纠纷处理的新机制。根据《瑞典环境法典》成立的土地与环保法庭替代以往处理环境纠纷的机构即国家许可委员会、水法庭和行政法院。❶ 土地与环保法庭从现有的基层法院中挑选出 5 个基层法院处理环境案件、特定范围内的环境行政许可、对环境决定等具体行政行为不服的诉讼以及禁令的颁布。实际上瑞典的土地与环保法庭是在挑选出的 5 个基层法院中设立的审判庭。土地与环境上诉法庭是设立在斯德哥尔摩上诉法院中的一个审判庭，部分案件可上诉至最高法院。2011 年起，涉及城市规划、基础设施建设等由行政机构处理后仍发生纠纷的事项允许上诉到土地与环保法庭。图 10 揭示了瑞典环境行政机关与司法机关在环境纠纷解决中的相互关系。

---

❶ Jan Darpö, "Justice through Environmental Courts? Lessons Learned from the Swedish Experience," in *Environmental Law and Justice*, ed. Jonas Ebbesson and Phoebe Okaw (Cambridge: Cambridge University Press, 2009), p. 2.

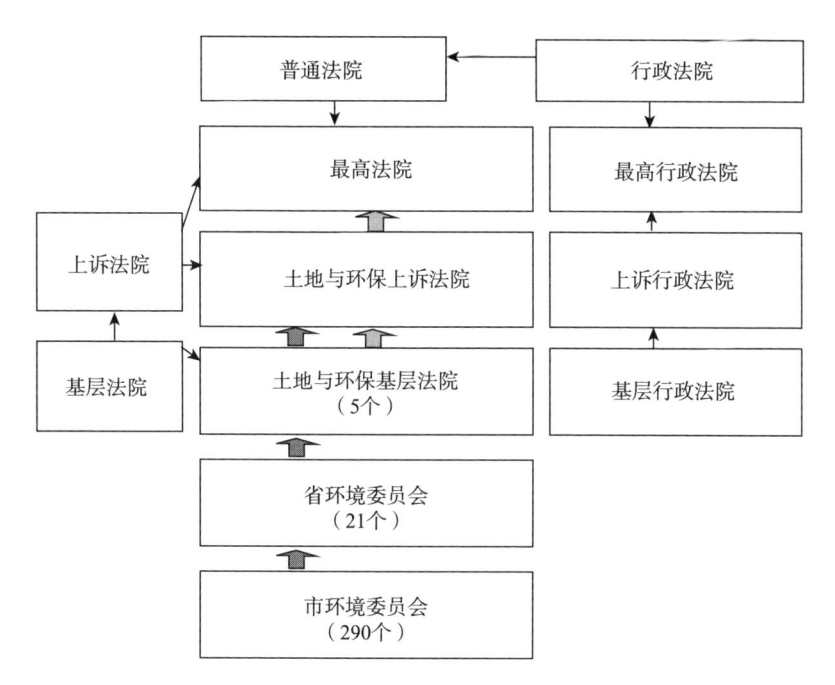

图 10 瑞典环境行政机关与司法机关在环境纠纷解决中的相互关系

第二节 瑞典环保法庭的主管范围
——行政许可与诉讼

一、环境行政许可

瑞典的基层土地与环保法庭承担了部分环境行政许可的功能,尽管环境监管的主要职责由市政当局即省环境委员会和市环境委员会承担。除了应当由省环境委员会审批的地面排水事项,瑞典基层土地与环保法庭主要承担重大环境危险活动和大部分水作业的环境许可。此外，基层土地与环保法庭还负责给排水变更与修复工程的审批，工程时限及延长的批准，持续性活动的许可或禁令的撤回。

二、环境行政诉讼

瑞典土地与环保法庭受理的大部分案件是环境行政案件，尽管其是普通法院中的审判庭。[1] 对于市环境委员会作出的环境行政决定不服的可以向省环境委员会提起复议，对于省环境委员会的处理结果仍然不服的可以到基层土地与环保法庭提起诉讼，如果仍不服可以上诉到环保上诉法院。如果该环境行政决定是由省环境委员会首先作出的，依然遵循上述路线。对于由土地与环保法庭直接作出行政决定的事项，可以上诉到土地与环保上诉法院，如对处理结果还是不服，可以上诉到最高法院。[2] 在法律有特别规定时对市环境委员会和省环境委员会的决定不服最高可上诉到土地与环保上诉法院。所有的案件的上诉都遵循上述路线，尽管起点或者终点会有所不同。一些案件会有特别的处理程序，如政府对于国家重要的基础设施建设、能源生产、通信等事项作出的决定，政府的上述决策不能按照上述诉讼程序寻求救济，但是利害关系人和环境非政府组织可以向最高行政法院申请司法审查。

三、环境民事诉讼与环境刑事诉讼

瑞典土地与环保法庭对于环境类损害赔偿案件也拥有管辖权，包括与水作业相关的公共干预与许可的生态补偿、禁渔期的

---

[1] Jan Darpö, "Justice through Environmental Courts? Lessons Learned from the Swedish Experience," *in Environmental Law and Justice*, ed. Jonas Ebbesson and Phoebe Okaw (Cambridge: Cambridge University Press, 2009), p. 3.

[2] AnnikaNilsson, "Environmental Law," *in Swedish Legal System*, *ed.* Michael Bogdan (Stockholm: Elanders Sverige AB, 2010), p. 484.

补偿，环境侵权引起的人身、财产损害赔偿等。根据《瑞典环境法典》第 32 章第 12 节，自然人可以要求法庭针对未依法批准的环境侵害行为采取保全措施以阻止环境侵害的发生。环境刑事案件的起诉权属于总检察长，根据《瑞典环境法典》第 32 章，当监管机构发现环境侵害行为可能需要追究刑事责任时有义务向警方或者有权起诉的机构报告，进而启动刑事调查程序。❶

四、环境群体诉讼

环境群体性诉讼也属于土地与环保法庭的受案范围。❷ 个体可以因为环境侵权引起的人身、财产损害而起诉到环保法庭，私主体只能基于自己的权益受到侵害而提起诉讼，但这种私人环境侵权诉讼在瑞典是非常少见的。❸ 环境侵权群体性诉讼可以被群体成员中的自然人或法人提起，原告必须遭受了人身损害或者其他可诉的原因方可提起诉讼。申请加入诉讼的群体成员不具备当事人的地位。但是群体成员同当事人在资格审查、未决程序、诉的合并、询问程序以及其他与证据相关的事项上具有平等的地位。❹ 根据瑞典 2003 年 1 月 1 日生效的《瑞典群体诉讼法》规定了三种诉讼形式：私人群体诉讼、团体诉讼和公益诉讼。团体诉讼仅限

---

❶ Korseland Lars Emanuelssonl, "Big Stick, Little Stick: Strategies for Controlling and Combating Environmental Crime," *Journals of Scandinavian Studies in Criminology and Crime Prevention* 2, no. 2 (Jan. 2001): 142.

❷ Per Henrik Lindblom, "Group Litigation in Scandinavia," *ERA Forum* 10, no. 1 (Oct. 2009): 13.

❸ Jan Darpö, "Justice through Environmental Courts? Lessons Learned from the Swedish Experience," *in Environmental Law and Justice*, ed. Jonas Ebbesson and Phoebe Okaw (Cambridge: Cambridge University Press, 2009), p. 6.

❹ Per Henrik Lindblom, "Group Litigation in Scandinavia," *ERA Forum* 10, no. 1 (Oct. 2009): 14—15.

于消费者权益保护和环境保护两个领域。在环境法中，致力于自然资源和环境保护的非营利组织有资格提起团体诉讼。在团体诉讼中，没有关于规模和成立时间的任何限制。一个新成立的环保组织仅仅有几个成员或者今天成立明天去起诉都是允许的，只要组织的财务状况良好并且法院认为其能够很好地代表群体利益。最后，瑞典的环境保护行政机构也可以代表群体利益提起诉讼。[1]自《瑞典群体诉讼法》颁布以来，环境行政诉讼成为主要的解决纠纷渠道，仅有一起环境类私人群体民事诉讼发生，尚没有环境团体民事诉讼发生。[2]

第三节 瑞典环境行政复议和行政诉讼中利害关系人的确定

一、环境行政复议与行政诉讼中利害关系人的界定

《瑞典环境法典》第16章第12节，将自然人的原告资格界定为行政决定的对象，任何人只要是行政决定的对象都有权利提起诉讼。在行政诉讼中，只要是受到行政决定影响的本市居民均有权向法庭提起对该决定的诉讼。例如，居住在受行政许可活动影响的区域的附近或者受活动影响区域的主体；自然人面临受到主管部门污染排放许可的危害被认为具有利害关系并有资格作为原

---

[1] AnnikaNilsson, "Environmental Law," in Swedish Legal System, ed. Michael Bogdan (Stockholm: Elanders Sverige AB, 2010), pp. 221—222.
[2] Per Henrik Lindblom, "Group Litigation in Scandinavia," ERA Forum 10, no. 1 (Oct. 2009): 20—23.

告提起诉讼。土地的所有人或者拥有捕鱼权的人会认为与在附近进行的水作业的许可和大坝建设许可具有利害关系。❶ 原告能够在诉讼中提起私人的和公益的诉请。但是如果仅仅是公益的诉请,该自然人没有原告资格。尽管对原告资格给予了非常宽松的解释,但私人利益必须受到影响方可具备提起诉讼的资格。如果主张仅仅涉及海岸防护、自然保护或生物多样性保护,自然人不具备提起复议或诉讼的资格,即使居住在诉求公益的附近。这种状况同样适用于疏忽和不作为,如居住在斯德哥尔摩主要街道 Hornsgatan 的居民起诉地方当局未能依据现行法落实当地的空气质量标准和氮氧化合物的标准。❷

环境行政诉讼中行政机构作为诉讼的一方当事人,另一方当事人是利害关系人。如果接受复议或诉讼的主体改变了行政决定,则作出决定的主体依然可以上诉。如果该行政决定影响了更广泛的人们,则可能出现第三方,当某主体被赋予了作为第三方的复议或诉讼资格,该主体不必完全依靠首要利害关系人去主张自己的利益。第三方主体参与诉讼的时限与其他当事人完全相同。正常情况下,一个复议或诉讼需要在决定公布或通知之日起3周之内完成。❸ 有时候,如果当局被认为是利害关系人或者立法上提供了

---

❶ Jan Darpö, "Effective Justice? Synthesis Report of the Study on the Implementation of Articles 9.3 and 9.4 of the Aarhus Convention in Seventeen of the Member States of the European Union" (paper presented at European Commission Meeting for EU Environment, Brussels, Oct 11, 2013).

❷ Jan Darpö, "Justice through Environmental Courts? Lessons Learned from the Swedish Experience," in *Environmental Law and Justice*, ed. Jonas Ebbesson and Phoebe Okaw (Cambridge: Cambridge University Press, 2009), p. 6.

❸ Jan Darpö, "Justice through Environmental Courts? Lessons Learned from the Swedish Experience," in *Environmental Law and Justice*, ed. Jonas Ebbesson and Phoebe Okaw (Cambridge: Cambridge University Press, 2009), p. 5.

此项权利，行政当局可以将某项行政决定起诉到法院。❶

二、社团提起环境公益诉讼的原告资格

根据《瑞典环境法典》第 16 章第 13 节，以促进自然环境保护为目的的非营利性社团可以针对许可、批准和豁免作为原告起诉，历史上曾要求非营利性社团必须在瑞典开展环保业务活动 3 年以上，并拥有不少于 2 000 人的成员。但是，该项标准在 2010 年根据欧洲联盟法院的判决而修改。瑞典现行立法要求非营利社团的成员人数不少于 100 人或者即使少于 100 人只要能证明拥有来自公众的支持也可。在瑞典，大多数环境立法赋予了非政府组织依据《瑞典环境法典》起诉的原告资格，包括针对生物和自然的保护问题。但仍有一些领域未规定在《瑞典环境法典》中，如林业管理和狩猎领域。因此，非政府组织在狩猎和林业管理领域即使与生物与自然保护有密切联系也依然没有资格作为原告针对行政决定提起诉讼。在 2013 年这种状况通过判例得以改变，斯德哥尔摩行政上诉法院允许环境非政府组织对违反欧盟法规定的狩猎行为的行政决定提起诉讼。❷ 2014 年最高行政法院确认了这一立场。

实践中，瑞典的国家标准违反了《奥胡斯公约》中的非歧视条款。根据 1974 年北欧环境保护惯例，北欧非政府组织等同瑞典国内的组织，北欧的非政府组织起诉一个瑞典的行政机构作出的决定是允许的，但波兰或者德国的非政府组织对于瑞典许可的一

---

❶ Helle Tegner Anker, Ole Kristian Fauchald, Annika Nilsson, Leila Suvantola, "the Role of Courts in Environmental Law – a Nordic Comparative Study," *Nordic Environmental Law Journal*2, no. 2（Dec. 2009）: 18.

❷ Yaffa Epstein, Jan Darpö, "The Wild Has no Words: Environmental NGOs Empowered to Speak for Protected Species as Swedish Courts Apply EU and International Environmental Law," *JEEPL*10, no. 2（Oct. 2013）: 255—251.

种燃烧装置将会对空气或者波罗的海产生广泛的影响而提起诉讼将不被允许。❶

第四节　瑞典环保法庭中审判庭的组成与诉讼费用

一、环保技术专家组成的审判庭

环境案件通常涉及复杂的技术和科学问题，是否符合保全措施要求的条件往往需要专业的判断，因此，裁判主体包括独立和公正的技术人员更有利于环境案件的审判。❷ 瑞典环境审判庭由具有法律资格的法官担任审判长，另外由一个环境技术法官和两个专家组成。环保法庭的审判庭还可能包括一个补充法官和一个环保技术专家，他们是由工业部门和国家公共部门提名的。环保技术专家经历过技术或者科学的训练并具备处理环境问题的经验。其中一个专家应当有在瑞典环保机构工作的经验。❸ 审判庭的主持人将决定是否其他专家要具有在工业部门或地方政府工作的经验。裁判合议时的投票首先由法官提出观点接着是环保技术专家，最后是专家成员。审判长具有决定性的一票，除了在预期罚款的判定问题上实行少数服从多数。环保上诉法院也会在法官之外指定

---

❶ Jan Darpö, "Effective Justice? Synthesis Report of the Study on the Implementation of Articles 9.3 and 9.4 of the Aarhus Convention in Seventeen of the Member States of the European Union" (paper presented at European Commission Meeting for EU Environment, Brussels, Oct 11, 2013).

❷ Jan Darpö, "Justice through Environmental Courts? Lessons Learned from the Swedish Experience," *in Environmental Law and Justice*, ed. Jonas Ebbesson and Phoebe Okaw (Cambridge: Cambridge University Press, 2009), p. 6.

❸ See Swedish Environmental Code &4 (1999).

技术专家，通常 4 个成员组成的合议庭有三个法官。

二、诉讼费用

诉讼成本的高低在很大程度上决定了当事人能在多大程度上接近司法正义。瑞典环保法庭的诉讼费用通常包括申请费、行政复议费、受理费和其他诉讼中实际支出的费用、律师费、申请禁令的保证金等。❶ 在瑞典，不存在诉讼的经济障碍，除了民事诉讼中需要交纳 450 克朗的受理费外，其他种类的环境诉讼不需要交纳受理费，上诉是免费的。❷ 无论是对市环境委员会的决定不服向省环境委员会提出的复议还是向环保法庭提起的诉讼均不需要交纳案件受理费，败诉方无须负担胜诉方的诉讼费用、申请禁令救济也不需要交纳申请费。依据职权主义原则，案件的调查由行政机构和环保法庭负责。由于技术人员和专家参加庭审，当事人很少需要聘请专家证人。如果当事人想聘请律师或者专家证人，需要自己负担此项费用并且此项费用不适用败诉方负担原则。尽管瑞典没有实行强制律师代理制度，但没有经验的当事人通常需要聘请律师来应对专业性较强的环境诉讼。❸

---

❶ Jan Darpö, "Effective Justice? Synthesis Report of the Study on the Implementation of Articles 9.3 and 9.4 of the Aarhus Convention in Seventeen of the Member States of the European Union" (paper presented at European Commission Meeting for EU Environment, Brussels, Oct 11, 2013).

❷ Helle Tegner Anker, Ole Kristian Fauchald, Annika Nilsson, Leila Suvantola, "the Role of Courts in Environmental Law – a Nordic Comparative Study," *Nordic Environmental Law Journal* 2, no. 2 (Dec. 2009): 18.

❸ Jan Darpö, "Effective Justice? Synthesis Report of the Study on the Implementation of Articles 9.3 and 9.4 of the Aarhus Convention in Seventeen of the Member States of the European Union" (paper presented at European Commission Meeting for EU Environment, Brussels, Oct 11, 2013).

第五节 对瑞典环境行政救济构造与
程序规则的分析与借鉴

一、中瑞两国环保法庭设置结构的比较分析

本质上,瑞典和中国的环保法庭均选择了在现有的普通法院中挑选部分法院成立环保审判庭的方式来审判环境案件。❶ 瑞典的土地与环保法庭受理土地开发利用类案件、环境民事案件、环境刑事案件、环境行政案件,同时主管部分环境事项的行政许可、行政事业性收费等。我国环境资源审判机构负责审理环境民事案件、环境行政案件和环境刑事案件以及部分行政决定的执行。两国环保法庭的主管范围均较为广泛,但在机构设置和主管范围上有很大的不同。

(一)生态损害预防视角下行政权与司法权的权限划分与功能定位

权力的分立成为近代西方政治生活的运行准则。在瑞典历史上,法院的角色一直处于受限制的状态,这是历史上关于民主与平等政治争论的混合产物,然而,瑞典法院的角色在 20 世纪的最

---

❶ 2014 年 7 月,我国最高人民法院成立环境资源审判庭,同月最高人民法院发布《关于全面加强环境资源审判工作 为推进生态文明建设提供有力司法保障的意见》,意见中提出高级人民法院要按照审判专业化的思路设立环境资源专门审判机构。中级人民法院应在高级人民法院的统筹指导下,根据环境资源审判业务量,合理设立环境资源审判机构,案件数量不足的地方,可以设立环境资源合议庭。个别案件较多的基层人民法院经高级人民法院批准,也可以考虑设立环境资源审判机构。

后 10 年和 21 世纪头几年开始变得越发重要。❶ 瑞典土地与环保法庭的发展确认了这种趋势却又表现出了极强的特殊性。由于环境问题的专业性,瑞典土地与环保法庭的审判人员包括具有在工业部门、地方政府或环保机构工作经验的专业技术法官。根据《瑞典环境法典》和《瑞典规划与建设法》,瑞典基层土地与环保法庭承担行政许可和受理上诉(复议)的职责,基层土地与环保法庭承担 A 级别的 300 项到 400 项的环境行政许可,主要包括重大环境危险活动和大部分水作业的环境行政许可。❷ 此外,基层土地与环保法庭还负责给排水变更与修复工程的审批,工程时限及延长的批准,持续性活动的许可或禁令的撤回。

瑞典环境行政纠纷解决机制脱离了由传统的行政法院进行救济的渠道,而是由专门的土地与环保法庭主管。基层土地与环保法庭实施部分环境行政许可的职能是该国特殊的历史传统形成的,形成了跨区域的集中管辖。环境行政许可由基层土地与环保法庭行使与传统的行政权与司法权分立的法治理念相背离,但也是其"复议诉讼一站式"纠纷解决机制设置的需要,专业技术法官的存在为环境行政许可权的设置提供了可能性,且实行负责行政的人员和负责处理行政争议的裁判人员相区分,无论是行政或是司法现有的制度设置都未脱离"司法最终解决原则"。

我国公民、法人或者其他组织认为地方环境保护行政主管部门的具体行政行为侵犯其合法权益的,可以向该部门的本级人民政府申请行政复议,也可以向上一级环境保护行政主管部门申请行政复议。对于复议决定不服的既可以向最初作出行政行为的行

---

❶ Per Henrik Lindblom, "Group Litigation in Scandinavia," *ERA Forum* 10, no. 1 (Oct. 2009): 8.

❷ Jan Darpö, "Justice through Environmental Courts? Lessons Learned from the Swedish Experience," *in Environmental Law and Justice*, ed. Jonas Ebbesson and Phoebe Okaw (Cambridge: Cambridge University Press, 2009), p. 2.

政机关所在地人民法院,也可以向复议机关所在地人民法院提起诉讼。2016年,在《关于充分发挥审判职能作用为推进生态文明建设与绿色发展提供司法服务和保障的意见》中明确在各省高级人民法院设立环境资源审判机构,中级人民法院在高级人民法院的统筹指导下,合理设立环境资源审判机构,案件数量不足的地方,可以设立环境资源合议庭。个别案件较多的基层人民法院经高级人民法院批准,也可以考虑设立环境资源审判机构。

瑞典将环境行政许可、环境行政复议和环境行政诉讼通过环境司法专门化实现了"一站式"预防生态环境损害的发生。我国环境司法改革之初,环境污染和生态破坏的严峻现实促发了事后救济为主的环境民事公益诉讼的立法先行,近几年,学者逐渐意识到环境行政救济在生态损害预防上的功能和建立环境法领域统一协调的救济体系的重要性。我国目前并未在所有的省级以下人民法院设立环境资源审判机构,跨区域的集中管辖在部分地区进行了有益的尝试,[1] 但在全国范围内突破现有的行政区划实现跨区

---

[1] 实践中跨区域集中管辖的模式主要分为四种:一是以生态系统或生态功能区为单位实行跨区域集中管辖,如2007年11月,为保护贵州主要饮用水水源地,采取在贵阳市全市范围内指定由贵阳市中级人民法院环境保护审判庭及清镇市人民法院环保法庭集中管辖环保民事、刑事、行政、执行案件的模式;之后在总结经验的基础上,将上述经验向全省推行,根据贵州河流和山脉的走势,选择在清镇市、仁怀市、遵义县、福泉市、普安县5个基层法院、5个基层法院对应的中级人民法院及省高级人民法院设立的生态环境审判庭实行生态环境保护民事、行政案件(未列入刑事案件)跨市、州级行政区域的集中管辖。参见贵州省高级人民法院:《探索集中管辖 推进公益诉讼》,《人民司法》2015年第23期。二是以环境资源数量、人口数量和经济发展水平综合考量因素实行跨区域集中管辖模式,如重庆市高级人民法院指定五个法院审理各自所在中级人民法院辖区内的环境民事、刑事、行政案件。三是依托铁路法院实现环境资源案件跨区域集中管辖。四是以案件性质和河流流域相结合确定跨区域集中管辖模式,如湖北省武汉海事法院和汉江中级人民法院对全省环境公益诉讼实行跨区域集中管辖。参见徐胜萍、曾佳:《论环境资源案件跨区域集中管辖制度的完善》,《华东师范大学学报》(哲学社会科学版)2017年第1期。

域的集中管辖还未被认法确认。省级以下尚未形成环境司法专门化的体系。由行政机构行使准司法权的行政复议制度,具有纠纷解决上的专业性强、快速、便捷、高效的优点,但同时复议机构更容易受到行政权力的影响,缺乏独立性。无论是环保法庭行使部分环境行政许可职能,还是行政机构行使准裁判权,都需要制度保障负责行政执法工作的人员和负责处理行政争议的裁判人员的剥离,理顺环境法治中行政权和司法权的关系,并围绕环境行政的具体特点和要求完善相应的制度,既确保司法机关对环境行政机关的专业性和自由裁量权的适当尊重,又保证司法机关对行政机关的有效制约,并为公众参与环境保护特别是环境行政过程提供更加便捷和有效的法律路径。

(二)"一站式"纠纷解决机制的构建

瑞典将污染活动的许可依次交给行政机构市环境委员会、省环境委员会和基层土地与环保法庭承担,创造了一站式的行政许可和纠纷解决方式。❶ 传统意义上的行政复议与行政诉讼被统一到一条解决线路上来。寻求救济的行政相对人或利害关系人不需要在行政复议和行政诉讼中作出选择。最终的裁决由土地与环保法庭作出。❷ 无论是省环境委员会还是土地与环保法庭对诉请的审查,其审查范围都是彻底全面的,既包括合法性审查,又包括合理性审查,有权直接撤销原行政决定并作出新的行政决定。

瑞典大多数环境类案件是行政案件,美国的公民诉讼和德国

---

❶ Bjällås, Ulf, "Experiences of Sweden's environmental courts," *Journal of Court Innovation* (*winter*), (Mar 2010): 179–183.

❷ Jan Darpö, "Justice through Environmental Courts? Lessons Learned from the Swedish Experience," *in Environmental Law and Justice*, ed. Jonas Ebbesson and Phoebe Okaw (Cambridge: Cambridge University Press, 2009), p. 2.

团体诉讼的主要类型均为环境行政诉讼。我国的情况则与此不同，2019 年环境资源审判白皮书显示：全国法院受理各类环境资源民事一审案件 202 671 件，同比分别上升 5.6%。受理各类环境资源行政一审案件 47 588 件，同比分别上升 12.7%。我国环境类案件主要是民事案件而非行政案件。1989 年《环境保护法》和 1990 年《行政复议条例》的颁布实施，各级环保行政主管部门开始建立具有行政复议功能的法制机构，但环保行政复议案件寥寥无几。2004 年之前环境保护部受理的行政复议案件平均每年 1—3 件。1999 年我国《行政复议法》颁布实施，为了该法的进一步贯彻落实，2007 年颁布了配套的《行政复议法实施条例》，2008 年环境保护部公布了《环境行政复议办法》，环境行政复议案件因此急剧增加，2014 年、2015 年和 2016 年环保部受理的行政复议案件分别为 102 件、108 件、和 102 件，环境行政应诉案件分别为 11 件、16 件和 12 件。[1] 环境行政复议还未成为环境行政救济的主渠道。北京市环境保护局近四年分别受理环境行政复议案件 4 件、5 件、26 件和 25 件，环境行政复议案件数量在 2016 年、2017 年增长较快。近四年环境行政复议类型中不服环境行政处罚案件居多，共计 36 件，占比 60%，申请信息公开案件 9 件，占比 15%，不服行政许可、行政征收、行政不作为和投诉举报答复的案件占比相对较少，环境行政复议对于生态损害预防功能的发挥不足。四年共计 60 起环境行政复议案件中有 1 起复议案件获得支持，责令被申请人依法告知申请人公开申请的政府信息的行政机关的名称、联系方式；8 起案件维持原具体行政行为，41 件复议案件撤回行政复议申请，10 件复议案件达成调解协议。申请人多为行政相对人，利害关系

---

[1] 中国政府法制信息网关于 2014、2015 和 2016 年全国行政复议、行政应诉案件统计数据。

人基于公益提起环境行政复议的案件较少。

现代环境问题的治理主要依赖于行政权，环境行政复议与环境行政诉讼均属于行政权力的监督制约机制。环境行政诉讼是风险社会模式下行政监督程序在司法中的延续和拓展，行政复议与行政诉讼是纠正错误的行政行为，避免生态损害发生的第一步，它不像环境民事诉讼和环境刑事诉讼一样通常提供的是事后救济。环境损害具有不可逆性，环境民事公益诉讼是事后救济的主要手段，对于生态损害预防的作用十分有限，因此当破坏环境的建设还未发生时，及时纠正一个错误的环境行政行为非常重要。环境行政复议与行政诉讼体制的设计与高效运行对于阻止环境损害的发生至关重要，瑞典在这个领域的经验给了我们很好的启示，统一的环境行政救济程序在中国长期以来一直未受到重视。

二、中瑞两国环保法庭程序规则的比较分析

（一）由专家组成的审判合议庭

环境案件在证明因果关系、环境损害及私人损害方面涉及复杂的科学与技术问题。[1] 环境问题的审查要具有专业知识的专家参与才有可能提高判断的质量和有效性。在瑞典，法官和技术专家由法院所雇佣并作为环境问题的裁判者全职工作。这些内行的专家和法官共同决定一个环境案件的审判。法官、技术法官和专家创造了一个解决复杂环境纠纷的平台，以消除或者最大限度地减少对当事人聘请的专家证人陈述的误解。我国环保法庭的审判人员基本上是从原刑事、民事、行政审判人员中调配，多数基层法

---

[1] Preston, Brian J, "Characteristics of successful environmental courts and tribunals," *Journal of Environmental Law* 26, no. 3 (Mar 2014): 386.

庭的法官具有本科以上学历，清镇市环保法庭研究生以上学历人数达到80%以上，但环境法官的知识背景与接受的环境法专业教育非常有限。[1] 环境资源案件专业性强、技术性较高，牵涉因果关系、损害后果的认定往往依赖鉴定结论，但对有冲突的鉴定结论如何采信，当事人聘请的具有专业知识的人提出的专家意见如何判定，对于没有环境资源知识背景的法官来讲比较困难。各地法院在审判实践中主要形成了二种做法，一是由环保专家作为陪审员参加案件的审理；[2] 二是人民法院建立专家委员会或专家库，从中直接选取专家为审判人员提供技术咨询意见作为法官审判的参考。[3] 从直接言辞原则出发，吸纳专业技术人员参加庭审并赋予其裁判权更有利于作出专业的判断。

(二) 原告的范围及判断标准

1. 瑞典相对宽松的原告范围及判断标准

根据《奥胡斯公约》的规定，欧盟国家的国内法在规定原告范围时将获得复审或司法救济作为基本理念，赋予利害相关的公众广泛地接近司法正义的机会。宽松的原告范围及判断标准的建立是接近司法正义的第一步。瑞典环境行政案件的司法实践中对原告资格的解释相对宽松，除了直接利害关系人，所有私人环境利益受到影响的人都有资格提起复议或诉讼，人们可能因为行政决定或者行政不作为影响了一个居住区域内诸如饮水安全、空气质量、交通、安宁等权益而提起诉讼。同时，环境非政府组织成

---

[1] 吕忠梅等：《环境司法专门化：现状调查与制度重构》，法律出版社，2017，第36页。
[2] 郄建荣：《法院准备聘任环保专家出任陪审员》，《法制日报》2015年1月14日第8版。
[3] 江必新：《论环境区域治理中的若干司法问题》，《人民司法（应用）》2016年第19期。

员人数不少于100人或者即使少于100人只要能证明拥有来自公众的支持均具备成为原告的资格,但是这里仍然有许多盲点,如非北欧的环境非政府组织不具备原告资格。在民事案件中,环境非政府组织的原告资格更为宽松,任何环境非政府组织均有权启动群体诉讼,且没有关于机构的授权、规模和存续期限的限制。然而直到2009年,没有非政府组织提起的环境群体诉讼提交到法庭,更多的案件为环境行政复议或环境行政诉讼。此外,政府组织有权针对行政决定或裁判提起上诉和提起环境公益诉讼。

在瑞典,如果私人的环境权益没有受到决定或者行政不作为的影响,个体没有资格启动公益诉讼。但是如何判断私人利益受到影响,标准是什么?每个国家在司法审判中会形成自己的标准界限。即使是在私人的环境侵权案件中也可能涉及环境公共利益,因此涉及公共利益的上诉均会对私人利益和公共利益有利。瑞典关于谁是公共利害相关人的司法解释是宽松的,要考虑的因素主要包括与活动地点的距离、排放物的类型和他们可能产生的影响。只要行政决定或行政不作为影响了人们的利益比如在居住区域饮用水的安全、空气质量、交通、生活的安宁等,人们就可以起诉行政机构的决定。

2. 中国相对严格的原告范围

在中国,根据《环境保护法》《民事诉讼法》《行政诉讼法》的相关规定,我国可以向人民法院就污染环境、破坏生态、损害社会公共利益的行为提起公益诉讼的主体为法律规定的有关机关、检察机关和社会组织。和瑞典的规定相同,我国公民个人不具备启动环境行政公益诉讼的原告资格,仅在私人的环境权益受到决定或行政行为的影响时才可以提起行政诉讼,在维护私人环境权益的同时,客观上起到了保护公益的作用。通过两国司法案例的比较，我国目前对于谁是"利害关系人"的解释相对严格，主张因人身、财产权益之外的娱乐、审美、环保以及精神享受等非物质性利益、不特定多数人的共同利益受到行政行为影响的个人则通常被认为不具备原告适格资格。如在 2016 年顾某忠、杨某诉建湖县环保局不依法履行职责案中，上诉人居住在克胜集团埋藏的农药、废渣周边，上诉人未能提供其健康、财产等权益受到侵害的证据，上诉法院裁定诉请行政机关依法履行职责具有公益性，个人不是公益诉讼的适格诉讼主体，故该案不属于行政诉讼的受案范围。[1] 在 2016 年王某清诉青岛市环境保护局崂山分局、青岛市环境保护局、青岛崂山玻璃有限公司行政不作为、行政赔偿案中，再审法院裁定没有证据证明其与被诉行政行为有利害关系，对于因环境污染向行政机关举报，行政机关不予处理的行为，个人不具有提起环境公益诉讼的主体资格。[2] 2014 年，饱受雾霾之苦的石家庄市民李某欣诉石家庄市环保局应依法履行治理大气污染职责并赔偿损失 10 000 元，先后到河北省高级人民法院和石家庄市中级人民法院起诉均未被受理。[3] 相比较，瑞典在对于私益受到影响的判断上相对宽松，只要行政决定或行政不作为影响了人们的利益比如在居住区域饮用水的安全、空气质量、交通、生活的安宁等即可作为原告起诉。而我国在处理雾霾等空气污染、水污染等私益、公益均受影响的行政不作为案件时，对于私益受到影响的判断标准过高且无法体现预防功能，要求起诉人提供其健康、财产等权益受到侵害的证据，或者以该事实属于公益性事实将起

---

[1] 参见（2016）苏 09 行终 255 号江苏省盐城市中级人民法院行政裁定书。
[2] 参见（2016）鲁行申 280 号山东省高级人民法院行政裁定书。
[3] 《石家庄市民因雾霾起诉环保局并索赔为全国首例》，中国新闻网，https://news.china.com/social/1007/20140225/18358651.html，访问日期：2021 年 6 月 29 日。

诉人拒之于诉讼大门之外。

3. 诉讼费用的分担

在瑞典，环境公益诉讼的原告不存在诉诸环境司法的经济障碍，但我国环境民事公益诉讼面临较大的经济障碍。2007 年《诉讼费用交纳办法》（以下简称《办法》）出台时我国环境民事公益诉讼还未入法，未就环境公益诉讼费用的负担规则与群体性环境私益诉讼费用的负担规则作出区别性规定。群体性环境私益诉讼在本质上属于共同诉讼，是受害人基于同一环境侵权事实而提起众多诉的主体的合并，其涉案人数众多，损害赔偿标的额较大，加之鉴定费用高昂，巨额的诉讼费用往往成为当事人提起环境诉讼的一个现实障碍。《办法》对于共同诉讼中诉讼费用的预交问题未予规定。实践中各共同诉讼人应根据各自的私益请求的性质和数额分别计算出各自负担诉讼费用的数额，分别缴纳。原告在规定的期限内未预交诉讼费用，又不提出缓交申请的，按撤诉处理，退出共同诉讼。2022 年 4 月 10 日实施的《最高人民法院关于适用〈中华人民共和国民事诉讼法〉的解释》（2022 修正）第 194 条规定，人数不确定的代表人诉讼不再需要预交案件受理费，结案后按照诉讼标的额由败诉方交纳。群体性环境私益诉讼中当事人难以负担高额受理费的问题得以解决。但高昂的鉴定费仍然是当事人提起环境众益诉讼和环境公益诉讼的现实障碍。

对于环境公益诉讼的原告来讲，由于环境公益损害赔偿波及范围和受损数额较大，专业性较强、需要耗费大量的人力、物力和财力，原告不能从诉讼中直接受益，还要独自承担巨额的诉讼费用和律师费用，同时面临败诉的风险，严重挫伤了原告提起环境公益诉讼的积极性。环境公益诉讼的目的是维护社会公众的共同环境利益或人与自然共享的公共生态利益，原告是众多利益相关人中的一员或是代表公益的社会团体、有关机关，环境公益诉讼中主张的财产请求是由社会公众共同享有而不是由申请人直接享有的。原告不能通过谋求诉讼的胜诉来获得在时间、精神上的补偿，如果还要由原告承担诉讼的巨额费用，环境公益诉讼将难以开展。针对上述现状，《最高人民法院关于全面加强环境资源审判工作为推进生态文明建设提供有力司法保障的意见》（以下简称《意见》）提出环境公益诉讼的原告请求被告赔偿预防损害发生或者恢复环境费用、破坏自然资源等生态环境造成的损失以及合理的律师费、调查取证费、鉴定评估费等诉讼费等诉讼支出的，可以根据审理情况给予支持。探索构建合理的诉讼成本负担机制。设立环境公益诉讼专项基金，鼓励从环境公益诉讼专项基金中支付原告环境公益诉讼费用。该规定扩大了被告败诉时负担的范围，除了案件受理费、申请费、明确列举的诉讼中实际支出的费用外，当事人的律师费、鉴定评估费等实际支出的费用也应由败诉人负担。

　　《意见》确立了我国环境公益诉讼诉讼费用的公共负担和社会负担原则。环境公益诉讼的费用理应来自公共财政和社会筹资。财政机制以提供公共产品、公共服务满足社会公共需要为目标，法院为社会提供的司法服务也属于一种提供公共物品的行为，因此，国家财政应当在环境公益诉讼的诉讼费用问题上承担更大的份额，降低环境公益诉讼案件受理费的收费标准。社会公众作为环境公益诉讼的受益者分担一部分诉讼费用符合"受益者付费"这一环境资源保护法的基本原则。设立环境公益诉讼援助基金，基金的主要来源为政府拨款、社会捐助、赔偿款中按比例提取、发行彩票等，原告在需要援助时可向该基金提出申请。如果原告败诉，则诉讼费用及原告实际支出的费用由国家、社会按比例负担，而被告的实际费用则应由原告、国家和社会共同负担。建立原告奖励制度，原告在胜诉后应当得到一定的奖励，用于弥补原告的时间、精力的消耗和经济损失，也有利于鼓励更多的公民参与到监督环境违法行为和环境公益诉讼的行动中来。

环境行政救济是生态损害预防的第一道防线，瑞典建立了"一站式"纠纷解决机制，环境行政复议与环境行政诉讼案件成为主要的纠纷类型，较好地发挥了预防生态损害发生的功能，减少了环境侵权的发生。通过比较分析，我国省级以下环境司法专门化的体系处于高速发展阶段，理顺行政权与司法权的关系，明确环境民事公益诉讼与环境行政救济机制之间的主从关系，完善环境行政复议、行政诉讼等行政救济机制是我国当前面临的主要问题。完善环境纠纷救济机制中的程序规则，通过司法解释形成较为宽松稳定的原告资格判定标准、吸纳专业技术人员成为审判人员，建立原告、国家、社会共同负担机制，从而清除环境民事公益诉讼的经济障碍。

第五章
生态损害预防视角下环境行政救济构造的体系化构建

　　环境行政救济构造是由众多不同职能、不同程序的具体救济制度组成的，对其构造的研究除每项程序救济制度的具体程序外，还涉及不同程序的具体救济制度如何相互衔接配合，形成一个合理高效的行政救济系统。前述几章对各具体环境行政救济制度中程序主体权利义务关系以及生态损害预防功能的发挥进行了较为详细的分析。生态损害预防视角下行政救济构造面临的另一个基本问题是从系统论和整体的视角认识环境行政救济，即众多不同职能、不同程序的具体行政救济制度如何组合、如何安排才能构成一个合理、高效、有机的行政救济系统，需要具体明确行政机关内部的环境救济方式之间的配置关系；行政机关内部的环境救济方式和司法机关提供的环境救济方式之间的配置关系。从基础和宏观的视角对环境行政救济的机构及其运作方式进行分析，探究如何搭建行政救济构造体系才能更充分地实现生态环境损害的预防功能。

第一节　生态损害预防视角下环境行政救济构造的基本原则

环境行政救济的构造解决的核心问题是环境行政救济体系中各救济制度之间的相互关系以及在各项救济过程中参与主体之间形成的关系,即行政机关提供的环境救济程序和司法机关提供的环境救济程序之间的配置关系、各具体环境行政救济程序内部之组成结构、主体之间的地位和关系。旨在合理衔接各救济程序,优化组合救济资源。生态损害预防视角下环境行政救济构造应遵循以下基本原则。

一、预防优先原则

环境问题在科学上的不确定性表现在因果关系上的不确定性、发展过程的不确定性和危害结果的不确定性[1],因此预防生态损害的发生是应对风险社会的首要选择,应当采取必要的预防方法。环境污染和生态破坏一旦发生,不仅会对公民的人身权、财产权和环境权造成损害,更要付出高昂的经济成本、更长的时间代价来修复,有些甚至是不可逆的。因此,环境行政救济程序的搭建中预防应当是处于第一位考虑的。反观各国环境纠纷解决模式,行政复议与行政诉讼则应该是纠正违法环境行政行为,避免环境侵权损害发生的第一道防线。德国的环境团体诉讼从发展之初主

---

[1] 唐瑭:《风险社会下环境公益诉讼的价值阐释及实现路径——基于预防性司法救济的视角》,《上海交通大学学报》(哲学社会科学版)2019年第3期。

要是为行政公益诉讼设计的,救济对象主要是针对政府的违法行为及不作为,美国、加拿大的环境公民诉讼很重要的一部分是公民环境行政诉讼,主要针对联邦政府不作为的非行政裁量行为;瑞典在制度设计上对预防原则极为重视,政府在环境监管和决策中处于主导地位,民众对于政府环境职责履行的监督是以《奥胡斯公约》❶规定的环境事务知情权、公众参与环境事务决策权和接近司法正义为基础建立起来的,在此基础上如仍有错误的行政行为被认为可能会造成环境损害的发生或已经发生了损害时,瑞典在1999年颁布的《瑞典环境法典》中确立了行政决定、行政复议与行政诉讼融合的一站式纠纷解决模式,省环境委员会、市环境委员会和瑞典5个基层环境法院、1个中级法院和最高法院组成了瑞典环境事务的管理与救济体制,法院和行政机关根据管辖规则均享有环境事务的行政决定权,任何将会受到行政决定影响的当事人如果对市环境委员会、省环境委员会或者5个基层环境法院的行政决定不服,可以按照层级结构图向上一级上诉。统一了行政复议和行政诉讼两种救济方式,并赋予法院直接变更行政机关具体行政行为的权力,在提高环境行政争议解决的效率的同时,可以更好地避免环境损害的发生。❷因此,瑞典环境法庭处理的大部分纠纷都是行政纠纷,而环境侵权的民事损害赔偿只占很小的一部分,在《瑞典群体诉讼法》颁布后至今,只发生了一起环境侵权集团诉讼。

---

❶ 该公约是欧洲经济委员会发布的第一个关于政府保护环境方面承担的管理权力和义务的公约。
❷ Swedish Environmental Code (1998).

二、一体化原则

"一体化"的用语可应用于各类学科❶,具体的内涵和外延也千差万别,究其实质,一体化概念的含义可以理解为:将两个或两个以上的互不相同、互不协调的事项,采取适当的方式、方法或措施,将其有机地融合为一个整体,形成协同效力,以实现组织策划目标的一项措施。❷ 而环境行政救济构造的一体化是指将三种环境行政救济方式,即行政规制型救济方式、交涉互动型环境行政救济方式和权利保障型环境行政救济方式采取科学合理的组合方式,融合为一个整体,形成协同效力,以促进生态环境损害的预防和环境纠纷解决中公正和效率的实现。环境纠纷的特点决定了环境案件具有关联与交叉、公益与私益融合的特点,因同一环境污染或生态破坏的法律事实可能同时侵犯了公共利益和私人利益,可能同时引起环境行政命令、环境行政处罚、环境公益诉讼、环境行政诉讼、环境民事诉讼和环境刑事诉讼。环境司法专业化是实现诉讼一体化的措施之一,但不能将环境救济机制的一体化简单等同于环境司法专业化,没有在国家层面建立环保法庭的美国在诉讼一体化上形成了诸多值得借鉴的经验,如公益、私益诉讼并存下的复杂诉讼的管理、复杂集团诉讼的处理等。

我国部分学者认为如果环境案件由不同的审判庭以"流水线"的方式分别审理必将容易引起法律适用的不统一、耗费国家司法

---

❶ 如欧洲一体化、社会一体化、城乡一体化、科技一体化、区域经济一体化、横向一体化、纵向一体化、产运销一体化、一体化项目管理、一体化设计、机电一体化技术、物流一体化、QHSE 一体化管理体系、集约型一体化管理体系等。
❷ 王治卿主编《集约型一体化管理体系创建与实践》,中国石化出版社,2010,第102页。

资源，拖延诉讼周期。❶ 为了提高环境诉讼效率，多地成立环保法庭，地方性法规、地方政府规章等规范性文件❷或通过变更配置环境司法权的方式探索将环境侵权民事案件、环境刑事犯罪案件、环境行政案件和环境非讼执行案件从传统的审判机制中分离出来，由环保法庭集中管辖的"四合一"的环境审判模式。❸ 在最高人民法院发布的《关于全面加强环境资源审判工作为推进生态文明建设提供有力司法保障的意见》中明确了我国环境司法专门化的改革方向后，这一探索和构建显得更为迫切。但环境司法"四合一"审判模式的探讨应当建立在对司法实践中案例分析的基础上，而非建立在一些凭空构想的、大且空的合一审判下的问题和对策的探讨上。如有学者认为，现有的三大诉讼已经分别有了相关的配套制度，各自审判庭的权限都有了明确的分工，合一审判后三大诉讼法的证据规则不一致、认定标准不统一，可能会出现案件事实认定、过错推定、因果关系认定不统一的局面，使一些再审案件、上诉案件出现证据规则不统一的现象等。❹ 实际上，一体化不是对认定事实、适用法律规则的统一，而是在承认各类诉讼独立性的基础上寻求共通之处，合并处理，避免重复、矛盾的审理和

---

❶ 吴俐：《环境群体诉讼一体化研究》，《商业时代》2010 年第 1 期。
❷ 如《福建省宁德市柘荣县人民法院生态环境审判庭工作制度（试行）》（2009），重庆市高级人民法院《关于试点设立专门审判庭集中审理刑事、民事、行政环境保护案件意见》（2011），江苏省高级人民法院《关于加快生态省建设 全面提升生态文明水平提供司法保障的意见》（2011）和《关于在全省部分法院开展环境保护案件集中化审判试点工作的通知》（2012）。参见徐刚：《环保法庭审判模式的规范化反思——以三审合一模式为视角》，《中国人口·资源与环境》2014 年第 5 期。
❸ 也有部分法院采用"三合一"的审判模式（民事、刑事、行政），如云南环保法庭。
❹ 徐刚：《环保法庭审判模式的规范化反思——以三审合一模式为视角》，《中国人口·资源与环境》2014 年第 5 期。

裁判，提高复杂纠纷的解决效率。在通常情况下，在环境损害后果尚未发生阶段，多为预防性的环境行政纠纷。如美国、加拿大的环境公民行政诉讼、德国的团体诉讼；如环境损害后果已经发生时，通常面临环境众益诉讼和环境公益诉讼不同类型诉讼的竞合，环境民事诉讼和环境行政诉讼关联和交叉等情况，需要为实现诉讼公正、效率而进行一体化的设计。

三、救济多样化原则

在社会生活日益复杂化和利益关系多元化的现代社会，单纯通过国家的行政行为去维护公共利益，公民个人通过司法手段去维护私人利益的权力架构已经难以适应。就环境保护而言，单纯依靠行政机关的执法或损害发生后的末端治理、事后救济已经难以适应环境保护的需求。在此领域更需要国家与市民社会的广泛合作，需要政府、检察机关、非政府组织、民间团体、市民个人等多元治理主体的互助和多元式的结合，形成多元化、多层次的救济途径应对多样化的环境纠纷。❶ 首先，应建立多元化的生态环境损害预防和救济途径。完善行政规制型、交涉互动型、权利保障型环境行政救济方式，在公益诉讼领域，除赋予国家有关机关提起环境公益诉讼的资格外，更重要的是赋予社会团体、公民个人公益诉讼的提起资格，以更好地监督政府环境决策和权力行使过程中的失范，发挥他们之间互补的功能，同时更好地克服不同主体在提起环境公益诉讼中的劣势。在群体性私益聚集型的环境众益诉讼中，除了直接受到侵害的公民可以提起诉讼外，也可允许经过授权的社会团体作为群体的代表提起诉讼。其次，应建立

---

❶ 刘萍：《我国环境民事公益诉讼模式的选择》，《湖北社会科学》2010年第10期。

多层次、多元化的能够涵盖生态损害预防与救济需求的方式，在环境侵权所需的救济方式上主要存在两大类：一类是寻求禁止性措施防止侵害的发生或者制止侵害继续扩大，另一类是损害已经发生后寻求对公益性的生态环境的损害赔偿和针对私益的损害赔偿。

第二节 生态损害预防视角下环境行政救济路径的选择

环境行政救济的构造是指环境行政救济体系中各救济制度之间的相互关系以及在各项救济过程中各种要素及其之间形成关系的总和。[1] 环境行政救济构造是对环境行政救济制度基本框架和结构的抽象表述，表达了行政救济规范系统的总体性。其研究的核心问题即行政机关提供的环境救济方式和司法机关提供的环境救济方式之间的配置关系，各具体环境行政救济程序内部之组成结构、主体之间的地位和关系。从基础和宏观的视角对行政救济的机构和运作方式进行分析，探究如何搭建行政救济程序才能更充分地实现生态损害预防的功能。

一、行政路径优于司法路径的情形

生态环境损害的救济有一个共同的目标即维护国家和社会的环境公共利益。实践中，侵害国家社会环境公益的主体一般是两类：一类是民事法律关系的主体即公民、法人或者其他组织等私主体，从事了引起环境污染或者生态破坏的活动；另一类是在生

---

[1] 黄启辉：《行政救济构造研究——以司法权与行政权之关系为路径》，武汉大学出版社，2012，第 20 页。

态环境、资源保护等领域负有监督管理职责的行政机关，实施了造成国家或者社会环境公益受到侵害的环境违法行政行为或者行政不作为。❶ 对于前者，行政规制的路径要优于司法路径。

生态环境损害预防与救济的路径，学界讨论的焦点问题是通过司法程序进行还是通过行政规制的路径进行更为有效。当前立法和实践中司法救济的路径更受偏重而较少诉诸行政义务体系，一般是通过直接对污染者提起环境民事公益诉讼或者生态环境损害赔偿诉讼等私法手段来实现对环境的修复或获得赔偿。而运用行政规制的公法手段预防和救济的路径未受到应有的重视。❷ 行政规制的手段主要通过对污染者和其他责任人科以预防生态损害发生及扩大和环境修复的义务，并以行政强制或行政处罚保障修复义务的实现。从行政法律关系平衡论的视角出发，权利保障型的环境行政救济主要包括环境信访、公众知情权和参与权、环境行政复议、环境行政诉讼、环境行政公益诉讼；能够对生态环境损害进行救济的行政规制手段主要有环境行政命令、环境行政处罚；交涉互动型的环境行政救济方式主要有环境行政调解和生态环境损害行政磋商。❸ 其中司法的路径主要是指环境行政公益诉讼和环境行政诉讼。生态损害预防视角下环境行政救济构造研究需要明确在上述两种救济路径中，究竟是司法路径优先还是行政路径优先，在司法路径中是行政救济优先还是民事救济优先以及上述救济路径的功能和作用。

（一）行政路径优先于司法路径是二者职能定位所决定的

在环境公共利益的损害预防和保护上，行政路径优先于司法

---

❶ 王曦：《论环境公益诉讼制度的立法顺序》，《清华法学》2016年第6期。
❷ 刘静：《论生态损害救济的模式选择》，《中国法学》2019年第5期。
❸ 徐以祥：《论生态环境损害的行政命令救济》，《政治与法律》2019年第9期。

路径是行政权与司法权的职能定位所决定的。政府是维护国家环境公共利益的第一责任主体，环境行政主管部门是环境公共利益的维护者，负有预防和控制环境免予遭受侵害的监管职责。环境行政的主要任务是"排除现存的环境损害、预防环境危害（即排除潜在的环境危险性）、预防对未来的环境危害，避免其他的环境风险并恢复自然的运作功能"。❶ 行政权对于环境保护具有监管职责，当危害环境公共利益的情形发生时，国家的环境行政主管部门应当第一时间履行职责，司法权应当退居二线，扮演最后一道防线的角色。

（二）环境行政较环境司法更具有专业性、灵活性和高效性

环境行政较环境司法更具有专业性、灵活性和高效性的优势。环境行政监管通过制定政策、措施等行政行为具有使行政管理相对人一体遵行的效力，行政机关通过行政命令或行政强制的综合运用，依法或依职权向特定的行政相对人设定义务，能够充分体现行政救济灵活、专业、高效的特点。对于私主体的环境侵害活动，行政执法是预防私主体引起的生态环境损害的第一道防线，环境行政主管部门通过行政执法适用环境行政法律、法规将其转化为行政相对人具体的权利、义务以排除环境侵害，其不需要借助其他力量就可以单方面地确定行政相对人的权利、义务。

（三）司法途径对于生态环境损害的预防功能有限

司法途径对于生态环境损害的预防功能有限。生态损害预防的司法路径主要为环境公益诉讼，环境公益诉讼的功能分为预防

---

❶ 施密特·阿斯曼：《秩序理念下的行政法体系建构》，林明锵等译，北京大学出版社，2012，第109页；陈慈阳：《环境法总论》，中国政法大学出版社，2003，第31页。

性和补偿性两部分。预防性的司法救济功能是指司法机关为了预防生态环境损害的发生,依法通过司法救济手段对造成或可能造成生态环境损害发生的行为进行阻却。补偿性司法救济是针对已经发生的生态损害进行救济。预防性措施是环境诉讼的目标,在起诉条件上突破了传统"有损害才有救济"的原则,作出了区别于传统私益民事诉讼的不同规定,对于具有损害社会公共利益重大风险的污染环境、破坏生态行为,允许提起环境民事公益诉讼,以贯彻《环境保护法》中"保护优先、预防为主"的原则。在责任承担方式上,环境行政公益诉讼和环境民事公益诉讼都规定了相应的预防性责任承担方式,在环境行政公益诉讼中主要包括责令履行法定职责。确认、撤销违法环境行政行为,环境民事公益诉讼中主要包括程序上的行为保全和停止侵害、排除妨害、消除危险等实体上的权利主张。虽然司法路径在环境行政公益诉讼中具有一定的预防生态损害的功能,在环境民事公益诉讼中通过程序启动条件、保全等制度的设置也具有一定的预防生态环境损害的功能,但司法审判权实行不告不理,法官在诉讼中应秉持中立性和被动性,判决的效力仅限于个案的解决,通常适用于事实和纠纷发生后的事后补救,更多的是为弥补政府行政监管失灵而设置的补救途径。司法救济途径只能对损害结果发生后采取赔偿或恢复原状等补救措施,或者对正在发生的,或者反复发生的环境侵害行为采取排除侵害的措施。司法救济途径,面临着复杂的调查取证过程和较长的审判程序,这些都意味着更长的时间成本,不利于效率的实现,相较司法路径,行政管理通过类型化的具有普适效力的执法,在生态损害预防上相较司法路径更具有专业性、主动性和高效性。通过行政执法可以更为高效地实现停止侵害、消除危险的功能,无论是环境民事公益诉讼和环境行政公益诉讼诉前告知程序的设置正是希望通过行政监管来高效地阻止、纠正正在进行的环境损害。

二、司法救济路径适用的情形及其相互关系

实践中，侵害国家社会环境公益的主体一般是两类：一类是民事法律关系的主体即公民、法人或者其他组织等私主体，从事了引起环境污染或者生态破坏的活动；另一类是在生态环境、资源保护等领域负有监督管理职责的行政机关，实施了造成国家或者社会环境公益受到侵害的环境违法行政行为或者行政不作为。预防并制止环境污染、生态破坏行为的最优路径是行政执法，当行政执法机关出现权力本位、地方保护主义、权力寻租、资源不足等行政制度的缺陷时，针对行政不作为或者环境行政违法行为，可适用的司法或准司法救济途径有环境行政复议、环境行政公益诉讼和环境民事公益诉讼三种。

（一）环境民事公益诉讼的预防功能有限

环境民事公益诉讼是对环境行政执法的补充，是行政失灵后的补救手段，其救济的对象是私主体的环境污染或生态破坏行为。环境民事公益诉讼主要是通过纠正民事法律关系主体的违法环境污染或者生态破坏行为、赔偿并修复对生态环境造成的损害来达到保护环境公益的目标。在司法实践中，环境民事公益诉讼总体上仍以事后救济功能的实现为主，而非事前预防。笔者以"重大风险""环境公益诉讼"为关键词在北大法宝数据库上搜索后，数据库出现的49个案件中，因生态损害有重大风险提起的预防性环

境民事公益诉讼仅有 3 例，❶ 案件的启动多发生在生态环境损害实际发生之后。环境民事公益诉讼的诉讼请求主要包括停止侵害、排除妨碍、消除危险、恢复原状、赔偿损失。提起停止侵害、排除妨碍、消除危险等预防性诉讼请求的案件大多是在环境损害已经发生，并正在继续时，通过环境民事公益诉讼停止侵害的继续，预防未来可能发生的损害。预防性环境民事公益诉讼审查的对象通常为民事主体污染环境、破坏生态的行为是否可能对社会公共利益带来重大风险，单一的预防环境损害重大风险类型的环境民事公益诉讼发生的较少，主要原因在于：一是现行的环境民事公益诉讼制度是以侵权责任法为主要框架，是以损害结果为救济重心的模式，预防性的诉讼请求更多的是针对继续行为中未来损害扩大的预防，而非损害发生前的预防。二是环境风险的复杂性、多因性和专业性，使得对于风险现实化可能性的举证、认证的难度较大，同时，损害社会公共利益的"重大风险"在内涵上缺乏明确的解释，未能给司法的认定提供明确可遵循的判定标准，是否可能对环境生态利益造成严重的不可逆的损害后果方为重大风险，是否环境生态利益损害风险和人身、财产损害风险同时存在才构成重大风险，行政管理的决定对于重大风险的认定应有多大的影响、是否需要违反行政法律、法规作为构成要件等问题并未

---

❶ 上诉人新郑市薛店镇人民政府、新郑市薛店镇花庄村民委员会与被上诉人中国生物多样性保护与绿色发展基金会及原审被告新郑市林业局、新郑市旅游和文物局、新郑市教育体育局环境民事公益诉讼二审民事案件【（2018）豫民终 344 号】；原告北京市朝阳区自然之友环境研究所与被告中国水电顾问集团新平开发有限公司、中国电建集团昆明勘测设计研究院有限公司环境民事公益诉讼案【（2017）云民辖 23 号】；上诉人洛阳市吉利区辉鹏养殖专业合作社因与被上诉人河南省企业社会责任促进中心、原审被告关某某、河南省国有孟州林场环境污染责任纠纷公益诉讼案【（2018）豫民终 1525 号】。

在立法上明确，司法上可供参考的案例也极为有限。❶

(二) 环境行政复议和行政公益诉讼的生态损害预防范围大于环境民事公益诉讼

环境行政复议是预防生态环境损害的内部行政救济机制，其针对的对象是环境违法行为和行政不作为。环境行政复议是认为行政机关的环境具体行政行为侵犯其合法权益的行政相对人或利害关系人向法定的行政主体提出申请，请求依照法定程序对引起争议的环境行政行为进行审查并作出相应复议决定的活动，复议期间不停止行政行为的执行。

环境行政复议和环境行政诉讼的提起主体通常有三类：第一类是认为行政机关作出环境违法行为或未履行环境义务的行政相对人；第二类是认为行政机关没有履行或者没有尽职履行环保法定职责请求保护其人身权、财产权的公民、法人或者其他组织；第三类是行政相对人之外认为环境行政行为违法或行政不作为，侵害环境公共利益的利害关系人。也有学者因此将行政诉讼区分为行政相对人诉讼、利害关系人诉讼和民众诉讼。❷ 对于第一类提起主体，环境行政复议和环境行政诉讼制度的功能主要是为具体行政行为的行政相对人提供的一种保障其合法权益免遭不法或不当行政行为侵害的救济途径，通常与保护环境公共利益不发生直接关系。对于第二类提起主体往往涉及对环境公共利益的保护，因为私益的环境侵权的发生通常以环境损害为媒介，人身权、财产权的损害通常只是受损害的环境导致的损害中的一部分，因此

---

❶ 张洋、毋爱斌：《论预防性环境民事公益诉讼中"重大风险"的司法认定》，《中国环境管理》2020年第2期。
❷ 蔡志芳：《行政救济与行政法学》，三民书局，1993，第115页。

当公民、法人或者其他组织申请行政机关履行保护其人身权利、财产权的法定职责,即因行政机关没有依法履行环境保护监管职责而被提起环境行政复议或环境行政公益诉讼时,往往也同时涉及对环境公共利益的保护。例如,A 向当地生态环境局举报某化工厂排放恶臭气体,污染环境,对其人身造成了危害,要求当地生态环境局依法查处,并反馈处理结果,但很久未见排污行为得到治理,也未见答复,A 则可依据《行政复议法》第 6 条第 9 款的规定,在申请行政机关履行保护人身权利、财产权利、受教育权利的法定职责后,行政机关没有依法履行时提起环境行政复议,这种环境行政复议通常在保护私益的同时具有保护公益的功能。第三类提起主体属于认为环境行政行为违法或行政不作为侵害了环境公共利益的利害关系人,此类主体提起的环境行政复议或环境行政公益诉讼通常与生态环境损害的预防关系最为直接。环境行政复议、环境行政公益诉讼通常发生在规划、开发、项目建设等的环境行政许可行为完成后项目实施前,此时环境侵害行为还未实际发生。环境行政复议、环境行政公益诉讼的可诉范围大于环境民事公益诉讼,环境民事公益诉讼的可诉对象是私主体的环境污染或生态破坏的危险行为,而环境行政复议、环境行政公益诉讼的诉讼对象是具体行政行为,除了对行政主体的行政不作为进行监督和纠正外,还包括对环境行政许可等可能对生态环境造成不利影响的环境行政违法行为进行监督和纠正,从可诉范围的视角来看,环境行政复议、环境行政诉讼预防生态环境损害涵盖的范围要更大,如图 11 所示。

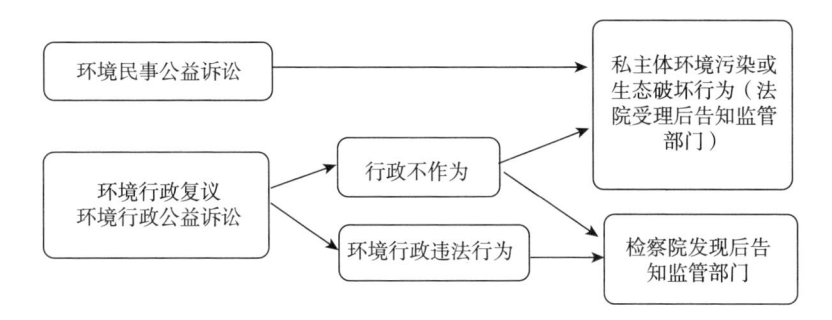

图 11　环境民事诉讼的生态损害部分范围与环境行政复议和行政公益诉讼的比较

（三）环境行政复议、行政公益诉讼是实现生态损害预防的重要节点

一个完整的权利保护体制应当包含三类：事前权利保护体制、暂时性权利保护体制和事后权利保护体制。建立具有预防功能的行政救济体制，对于可预见的将要发生的无法弥补的环境损害采取措施是尊重和保障人权的宪法要求，也是"有效而无漏洞"的国际权利救济标准的基本要求。整体上看，环境行政违法行为或环境不作为发生后，到生态损害实际发生有一定的时间差，因此，环境行政复议、环境行政诉讼是预防生态损害的重要救济方式。

传统行政复议和行政诉讼的启动条件是在"行政行为侵犯其合法权益"时提起，且复议、诉讼期间原则上不停止行政行为的执行❶，是一种事后救济为主并辅以暂时停止执行制度的权利保护

---

❶ 该条文只适用于行政机关依法享有行政执行权的行为，此类行为在诉讼期间不停止执行，对于行政机关没有强制执行权，需要申请人民法院执行的行为，诉讼期间原则上停止执行。参见《行政诉讼法》第 97 条规定："公民、法人或者其他组织对行政行为在法定期限内不提起诉讼又不履行的，行政机关可以申请人民法院强制执行，或者依法强制执行。"

机制。例如，针对规划本身提起的行政复议、行政诉讼是不被受理的，而等到针对规划引起的后续行政行为提起诉讼，往往缓不救急，达不到救济的目的。学者们在借鉴大陆法系、英美法系相关立法和理论的基础上，提出通过完善暂时性的权利保护机制和构建预防性行政诉讼制度两种方式来保障行政救济机制中生态损害预防性功能的发挥。

暂时性权利保护机制主要包括停止执行和保全制度。目前学界对于行政复议预防性功能的发挥理论上讨论较少，仅在《行政复议法》第 21 条规定了复议期间停止执行的情形：一是被申请人、行政复议机关认为需要停止执行的；二是申请人申请停止执行，行政复议机关认为其要求合理，决定停止执行的；三是法律规定停止执行的。现行的《行政诉讼法》和相关司法解释规定了暂时停止执行、财产保全和先予执行制度。《行政诉讼法》第 56 条规定了诉讼期间停止执行的情形：一是被告认为需要停止执行的；二是原告或者利害关系人申请停止执行，人民法院认为该行政行为的执行会造成难以弥补的损失，并且停止执行不损害国家利益、社会公共利益的；三是人民法院认为该行政行为的执行会给国家利益、社会公共利益造成重大损害的；四是法律、法规规定停止执行的。相较修改前的《行政诉讼法》，增加了利害关系人的申请权和对裁定结果不服的行政复议权。保全制度主要包括证据保全、财产保全和先予执行制度。《行政诉讼法》第 57 条规定了适用于原告的先予执行❶，《最高人民法院关于适用〈中华人民

---

❶ 《行政诉讼法》第 57 条规定："人民法院对起诉行政机关没有依法支付抚恤金、最低生活保障金和工伤、医疗社会保险金的案件，权利义务关系明确、不先予执行将严重影响原告生活的，可以根据原告的申请，裁定先予执行。"

共和国行政诉讼法〉的解释》第 94 条❶规定了适用于被告和具体行政行为确定的权利人的先予执行。对于财产保全《行政诉讼法》没有规定的，适用《民事诉讼法》的相关规定。

行政诉讼作为一种诉讼程序，诉讼期间较长，起诉人的权益在此期间有可能因行政行为的执行或不作为而遭受到严重且不可弥补的损害，即使将来胜诉，判决的内容也将无法实现。为了实现对公民权益及时有效的保护，避免发生严重且不可弥补的损害，很多国家和地区都规定了另一种"暂时性权利保护制度"又称"预防性权利保护制度"，以预防即时、直接、近在眼前的损害。"预防性权利保护制度"不同于"预防性行政诉讼"，并不能针对还没有行使的行政权力，即不是为了阻止即将作出的行政行为。预防性保护可能发生在诉前或诉中，是指法院依职权或者依申请裁定行政机关停止被诉行政行为的执行效力或维持某种现状、作出某种行为等，如英美法系国家行政法中的禁制令；《德国联邦行政法院法》中规定的停止执行、暂时命令制度；我国澳门地区《行政诉讼法典》中规定的预防与保全程序；《日本行政事件诉讼法》中的不停止执行、临时科以义务与临时禁止等。❷

另一种预防方式"预防性行政诉讼"是指为了避免行政行为给行政相对人造成不可弥补的权益损害，在法律规定的范围内，在行政决定作出前或付诸实施之前，向法院提起的审查行政行为的合法性以阻止行政行为实现或使行政机关变更行政决定的行政

---

❶ 《最高人民法院关于适用〈中华人民共和国行政诉讼法〉的解释》第 94 条规定："在诉讼过程中，被告或者具体行政行为确定的权利人申请人民法院强制执行被诉具体行政行为，人民法院不予执行，但不及时执行可能给国家利益、公共利益或者他人合法权益造成不可弥补的损失的，人民法院可以先予执行。后者申请强制执行的，应当提供相应的财产担保。"

❷ 解志勇：《预防性行政诉讼》，《法学研究》2010 年第 4 期。

诉讼。❶ 行政行为成熟原则要求行政行为必须发展到适宜由法院处理的阶段，即已经达到成熟阶段，才能进行司法审查，但是在某些情况下如果仅凭事后的审查会使公民的权益遭受无法挽回的损害，在人民有特殊的权利保护需要时就有必要采取预防性的行政诉讼去填补权利保护上的漏洞，来防卫迫近的行政不法侵害。在行政机关尚未作出决定之前，就允许司法干预，缺乏对行政权的尊重，因此，制度设计应当坚持平衡论，司法干预行政机关的首次判断必须要有严格的条件限制：一是盖然性要求，即对相对人不利益的行政行为有高度的可能性会在将来作出，且有可能违法，本案诉讼有充分的理由，有明显胜诉的希望；❷ 二是损害的严重性且不可弥补性，严重是对于损害程度的描述，不可弥补是对于损害后果性质的认识，即行政行为可能造成重大损害且无法回复；三是紧迫性，行政行为一旦作出损害的后果在短时间即可发生；四是补充性，依靠现有的事后救济手段无法达到救济目的。❸

在德国主要包括预防不作为诉讼（消极的给付之诉）和预防确认之诉两种。违法的环境行政行为在预防的时间节点上有两个黄金时期，可以分为"行为未完成"和"行为未执行"：前者指违法环境行政行为尚未作出，一旦作出将会对环境社会公共利益造成严重的、不可挽回的损害，通过行政诉讼的提起，审查即将作出行政行为的合法性，以阻止其暂时实现或变更即将作出的行政

---

❶ 胡肖华：《论预防性行政诉讼》，《法学评论》1999年第6期；赵清林、彭代兵：《预防性行政诉讼研究》，上海大学出版社，2017，第8页。

❷ 胡剑涛、王彦平、禹楚丹：《反思与重构：我国行政诉讼暂时权利保护之进路研究——以442份判决书和H省Y市法院的实践为样本》，《深化司法改革与行政审判实践研究（下）——全国法院第28届学术讨论会获奖论文集》，北京，2017年5月15日，第1343页。

❸ 郭庆珠：《预防性不作为诉讼：行政规划救济的路径选择——从城市规划中强制拆迁自力救济悲剧说起》，《内蒙古社会科学》（汉文版）2010年第4期。

行为，属于事前诉讼模式；后者是指行政行为作出后，尚未实施前，为避免让环境公共利益遭受无法挽回的损害，利害关系人依法提起的要求审查环境行政行为合法性并暂时阻却该行政行为实现的诉讼。何为预防性行政诉讼，学界持有不同的观点：部分学者认为预防性行政诉讼应当在行政行为作出之前提起，有效的行政决定一旦作出即为有效，任何救济手段即行政复议、行政诉讼都不能停止行政行为的执行，只能称为事后"补救"。❶ 部分学者认为行政诉讼在行政决定作出之后，尚未执行之前发生的，均为预防性行政诉讼。❷ 还有部分学者是以损害是否发生作为预防性的判断标准，主要适用于行政不作为的情况，以国家利益或者社会公共利益可能或者即将受到侵害作为条件，而不是以不作为的行为是否存在为条件。❸

裁定采取预防性保护措施的审查标准和预防性保护措施的类型是该制度运用中的两个核心问题。意大利的立法和司法实践中，当申请人满足"表面上有良好的权利"且"存在诉讼拖延的危险"，方可同意该申请，即只有对诉讼结果预测权衡后认为申请人胜诉可能性较大，且不采取预防性保护将会对申请人造成严重且难以弥补的损害时方可适用。应注意对各方面的利益进行全面衡量，除了关注申请人的个人利益、社会公共利益之外，还应权衡与申请人利益相对的对立方的利益。预防性保护措施除了包括停止执行被诉行政行为的执行效力，一些法院的判例将其扩展到消极行为，即命令行政机关作出某种行为。我国澳门地区《行政诉

---

❶ 任沫蓉：《论我国引入预防性行政诉讼的具体类型选择》，《福建警察学院学报》2020年第1期。
❷ 胡肖华：《论预防性行政诉讼》，《法学评论》1999年第6期。
❸ 王春业：《论检察机关提起"预防性"行政公益诉讼制度》，《浙江社会科学》2018年第11期。

讼法典》第七章,将预防及保全措施分为特定和非特定两类,特定的预防与保全措施包括行政行为的效力中止、勒令作出某一行为和预行调查证据,非特定预防与保全措施则由法官根据个案自由裁量可采取的具体措施。为避免预防性保护申请的滥用,应当要求申请人提供担保,但如果申请涉及人的基本权利或者其他宪法性的财产权益则不要求提供担保。❶

(四)环境民事公益诉讼在行政不作为情形下具有预防上的直接性和高效性

环境民事公益诉讼的可诉对象是私主体的环境污染或生态破坏的危险行为,是对行政不作为的补充救济,立法设置了法院受理后的告知程序,该途径具有制止、纠正生态损害行为的直接性,可以通过诉前行为保全停止侵害,阻止可能发生的生态环境损害。而环境行政复议、环境行政公益诉讼针对的是具体行政行为,并不直接针对私主体的环境污染或者生态破坏行为,具有间接性。从完成上述程序的立法时限上比较,两类诉讼的时限均较长,环境民事公益诉讼、环境行政公益诉讼中受理审查期间是7日,受理后向原告、被告送达受理通知书、举证通知书等文书的期间为5日,被告提交答辩状期间为15日,一审的审限均为6个月。环境行政复议中复议机关收到行政复议申请后,应当在5日内进行审查,受理申请后60日内作出复议决定。由于民事诉讼中有诉前行为保全制度,对于可能对生态环境造成难以弥补的损害的,属于情况紧急的情形法院须在48小时内作出保全裁定,裁定后应立即采取措施停止正在进行的侵害行为,能够满足生态损害风险预防

---

❶ 罗智敏:《论行政诉讼中的预防性保护:意大利经验及启示》,《环球法律评论》2015年第6期;解志勇:《预防性行政诉讼》,《法学研究》2010年第4期。

的要求。由于行政复议、行政诉讼均不停止行政行为的执行，我国《行政诉讼法》仅在第 101 条规定，对财产保全等本法没有规定的参照适用《民事诉讼法》，行为保全缺失，尚未形成一个完整的暂时权利保护体系。从立法时限的规定上比较，在处理行政不作为情形时环境民事公益诉讼的生态损害预防功能的发挥在制止侵害行为的直接性和时间期限上要优于环境行政复议、环境行政公益诉讼。

第三节 生态损害预防视角下环境行政救济构造的制度完善

一、行政机关内部救济方式的功能协作与制度完善

行政机关内部的环境行政救济方式可分为两类，一类是处理性、负担性环境行为对环境侵害的救济，属于行政规制型环境行政救济。此类环境行政救济是环境行政主管部门运用行政权力，对生态环境损害行为进行制止、纠正和惩罚，要求生态损害行为人停止、纠正损害生态环境的行为、采取避免生态损害扩大的措施以及修复受到损害的生态环境，从而使公众的环境权益获得保护的活动，是环境行政主管部门针对可能或者正在发生的损害生态环境行为实施的处理性或负担性环境行政行为，主要包括环境行政命令、环境行政处罚。规制性的环境行政救济方式属于单方性的强制行政行为，通过强制手段迫使行为人完成法律规定的行为，其执行需要投入大量的人力、物力和财力。但在制止环境违法行为，预防生态环境损害的发生及扩大方面是第一道防线，是

最直接和高效的方式。查处环境污染、破坏生态的违法行为是法律赋予环境行政主管部门的职责。行政机关针对违法排污行为可以处以罚款、责令改正，针对超标排污行为可以责令限制生产、停产整治或者停业、关闭，对于未取得环评文件或者未经环评批准擅自开工建设的，可以责令停止建设、罚款和恢复原状。因此，环保行政主管部门有权责令违反环境保护法的企事业单位、生产经营者采取消除污染、恢复生态的措施，在行政相对人拒不履行的情况下，可以通过行政处罚、行政强制措施甚至代履行来实现执法目的。❶ 相较于提起民事公益诉讼即司法救济手段主张事后的生态环境损害赔偿，行政执法手段在预防损害发生方面更为高效。

行政机关内部救济的另一种类是非强制性或非负担性的环境行政行为或协商性质的行政事实行为对环境的侵害的排除。此类环境行政救济方式不直接影响行政相对人的权利和义务内容，主要是通过双向的互动与沟通共同达致环境保护的行政目的。主要包括环境行政调解和生态环境损害赔偿行政磋商制度。生态环境损害赔偿的行政磋商是典型的协商性质的行政事实行为，是建立在开放协商和公众参与基础上的协商共治模式。交涉互动型环境行政救济通过磋商等方式形成污染治理的方案，给企业一个自我修正的机会，减少社会守法的成本，也可以促进企业自觉守法，实现环境治理的目的。上述两种分类是从侵害的排除视角进行的分类，从权利保障视角来看，行政机关内部的环境行政救济方式还包括环境信访、环境知情权和环境参与决策权。对于上述几种环境行政救济方式，对其构造的搭建应从以下几个方面进行完善。

---

❶ 林莉红：《论检察机关提起民事公益诉讼的制度空间》，《行政法学研究》2018年第6期。

(一) 加强环境监管者与被监管者的执法合作

环境法的实施是执法者和公众共同努力的结果，每一个主体对于环境损害的发生负有预防其发生的公共义务。行政部门通过行使公共权力实现环境治理，被监管者有守法的义务，公众通过监督促进执法目标的实现，非政府组织在公众环境教育和协助执法部门环境执法方面发挥着主导作用，媒体通过提供客观信息和分析提高公众的认知能力。环境行政执法的基本目标是严厉打击破坏生态环境的环境违法行为、促进环境守法减少环境污染、加强环境执法机构间的合作，共同实现环境治理的目标和利益的共赢。合作与共治是降低执法成本、提高执行效率的有效途径。在环境行政执法过程中，通过监管者与被监管者在行政权力的主导下进行一定范围、一定程度的合作，化解公权力与私权利的冲突，个人利益与公共利益的冲突。党的十九大提出着力解决突出的环境问题，构建政府为主导、企业为主体、社会组织和公众共同参与的环境治理体系，环境问题的解决必须借助其他社会主体的能力和资源，构建多元化的责任主体。通过合作、协商来实现社会管理的目标。环境行政执法主要通过行政规章制度的制定、行政审批、行政许可、行政规划、监督检查和行政处罚等行政行为来实现。以促进守法和加强守法并重为理念，在上述各个执法环节落实环境信息公开、环境公众参与权，畅通企业、社会公众和新闻舆论的监督渠道，实现对行政执法的合作监督。❶

(二) 威慑执法向柔性执法的转变

通过行政规制的手段对生态环境损害进行预防和救济是行政

---

❶ 张丽娟：《美国环境行政执法合作机制研究》，博士学位论文，吉林大学，2020，第31—43页。

机关履行保护环境公共利益职能的基本体现，可以充分发挥行政机关专业性、灵活性和高效性的优势。传统行政法学中，无论是控权论还是管理论❶，其核心理念均聚焦在行政法律关系中的"行政主体"一方，而将"行政相对人"一方视为客体和对象。20世纪 90 年代初，随着平衡理论出现，提出了行政相对人和行政主体地位平等的理念，以弥补行政法律关系中结构性的失衡，从"关系"的视角出发，突出行政相对方的主体性、公众参与行政过程的重要性，不仅要重视行政主体维护社会秩序的积极功能，更要关注行政相对方的权利保障。❷ 环境行政救济制度的内容设计也应体现行政法中的平衡理论。环境行政命令、环境行政处罚、环境行政强制是我国环境行政执法机制的重要组成部分，是命令—控制型环境行政规制得以实行的重要力量，三者之间相互协同适用以更好地避免生态损害的发生或进一步扩大。

传统的行政执法模式是命令—控制型执法模式，以环境行政处罚为主要内容的威慑性的行政执法手段得以广泛的应用。这种相对简单、粗暴的执法方式往往无法顾及被监管者的实际情况、企业的实际产出和治理成本，有时会产生挫伤投资者积极性等负面的影响，降低执法效率，对防损式的执法手段与降损式的执法手段的研究不充分。环境行政命令通过要求行政相对人履行其原本的法定义务，消解其行为可能带来的环境损害风险。以环境行政处罚为例，环境行政处罚的功能主要有惩罚威慑、风险预防和生态修复三个维度，环境行政处罚是通过公法手段对环境违法行

---

❶ 控权论以控制行政权为目的，管理论强调维护和保障行政权的有效行使。
❷ 成协中：《行政法平衡理论：功能、挑战与超越》，《清华法学》2015 年第 1 期。

为进行惩罚，但无法对环境损害的后果进行修复。❶ 德国行政法学者施密特·阿斯曼将环境行政的任务概括为："排除环境损害、预防环境危害、避免其他环境风险并重新恢复自然的运作能力。"❷ 理论上惩罚威慑与预防功能具有密不可分的关系，环境行政处罚对企业的营业收入和信用评级均会产生影响，惩罚威慑的功能对特定违法行为人和其他生产经营者附加产生了避免再犯和阻吓潜在违法者的预防效果。通过威慑和惩戒阻止正在发生的和未来可能发生的生态环境损害，避免损害的进一步扩大是环境行政处罚的主要功能，但是风险意味着危害结果的潜在性和不确定性，危害发生的概率有多大、危害结果的大小以及风险源与肇事者之间的因果关系都具有不确定性，传统的环境行政处罚是建立在清晰的因果关系基础上的必然性模型法律机制，遵循法定原则以及构成要件精细化的规范，这与风险预防原则要求的盖然性模型法律机制的设置不相适应。❸ 这就需要环境行政处罚根据环境风险的自身特点作出一定的调整，以更好地发挥环境行政处罚的法律威慑和风险预防功能。以环境行政处罚中的罚款为例，传统环境行政处罚中数值式罚款因其固定的罚款数额上限往往无法保证违法成本高于守法成本，无法达到阻吓潜在违法者的功能。倍率式环境行政处罚是以"违法所得""直接损失""受损资源环境市场价值"等某一基准的特定倍数作为罚款的上下限或上限，具有一定的违法利益追缴功能，但此种追缴方式往往只能涵盖某一单一变量，无法涉及其他变量，适用面较窄，只能涵盖积极意义的违法

---

❶ 郝欣欣：《生态环境损害赔偿制度发展研究——以生态环境损害赔偿与环境行政处罚关系为视角》，《国土资源情报》2021年第12期。
❷ 施密特·阿斯曼：《秩序理念下的行政法体系建构》，林明锵等译，北京大学出版社，2012，第109页。
❸ 谭冰霖：《环境行政处罚规制功能之补强》，《法学研究》2018年第4期。

收益，难以涵盖"未设置污染处理设备"或"无排污许可"等消极行为。为改变"守法成本高、违法成本低"的现象，2014 年修订的《环境保护法》规定了按日连续计罚制度，企事业单位或者其他生产经营者违法排放污染物受到罚款处罚，被责令改正，拒不改正的，行政机关可以自责令改正之日起，按照原处罚数额实行按日连续处罚，并授权地方性法规规定按日处罚的种类，以期让违法者尽快停止违法，预防环境违法行为的发生。但这种强惩罚性的行政执法措施适用率并不高，实施效果也差强人意。❶ 环境行政处罚的功能除了惩罚和警示之外，也应当通过一定的方式促进违法者积极承担环境损害的赔偿责任、降低环境损害，降低遭受环境处罚的成本，如美国设置了环境行政处罚和解制度，在实施行政处罚时，通过和解等柔性手段尽量降低被监管者的利益损失。

二、监督型环境行政救济方式的功能协作与制度完善

实践中，侵害国家社会环境公益的主体一般是两类：一类是民事法律关系的主体即公民、法人或者其他组织等私主体，从事了引起环境污染或者生态破坏的活动；另一类是在生态环境、资源保护等领域负有监管职责的行政机关，实施了造成国家或者社会环境公益受到侵害的环境违法行政行为或者行政不作为。❷ 当生态环境行政部门怠于履行或者不依法履行行政职责时，由检察机关提出检察建议或者通过行政复议、行政诉讼、行政公益诉讼的方式予以监督，纠正违法环境行政行为或者行政不作为，预防环

---

❶ 胡苑：《论威慑型环境规制中的执法可实现性》，《法学》2019 年第 11 期。
❷ 王曦：《论环境公益诉讼制度的立法顺序》，《清华法学》2016 年第 6 期。

境生态损害的发生与扩大。此类救济方式的功能协作与制度完善，主要有以下几个方面。

(一) 明确环境行政复议中利害关系人的范围

环境行政复议和环境行政诉讼的提起主体通常有三类：第一类是被认为作出环境违法行为或未履行环境义务的行政相对人；第二类是认为行政机关没有履行或者没有尽职履行环保法定职责请求保护其人身权、财产权的公民、法人或者其他组织；❶ 第三类是行政相对人之外认为环境行政行为违法或行政不作为，侵害环境公共利益的利害关系人。与生态环境损害预防相关性较强的复议和诉讼是利害关系人提起的和民众提起的两类，但此类主体提起的具有预防生态损害的环境行政复议在实践中很少发生，主要原因在于对何为利害关系人的界定不明确，致使环境行政复议生态损害预防与保护的功能难以发挥。2017年修正的《行政复议法》规定的提起主体为："认为行政机关的具体行政行为侵犯其合法权益公民、法人或者其他组织"。2007年实施的《行政复议法实施条例》第28条规定，复议申请人须与具体行政行为有利害关系。何为利害关系人，相关立法并未对其认定标准、参与方式等问题作出明确的规定，对与具体行政行为达到何种程度的利益关联方可成为适格的复议申请主体缺乏明确的解释。实践中提起环境行政复议的主体多为与具体行政行为有直接利害关系的行政相对人，利害关系人提起的生态损害预防性的环境行政复议案例较少，如

---

❶ 如卢某等204人诉杭州市萧山区环境保护局环境审批行政行为程序不合法案，环保机关在环境影响报告书尚未编制完成时受理了审批申请，未依照《浙江省建设项目环境保护管理办法》第22条的规定，即对于非涉及保密的建设项目，应当通过便于公众知晓的方式公开受理信息和环境影响报告书的查询方式以及公众享有的权利等事项，诉请该行政行为存在程序违法，应予撤销。

环境规划、开发、建设项目的行政许可，通常涉及公众的环境利益，如果赋予行政相对人即申请人不适当的权益而损害环境公共利益，此时行政相对人是不会提起环境行政复议的，如果仅限于成为行政相对人才可以提起环境行政复议，就限制了环境行政复议在生态环境保护领域预防功能的发挥，应当赋予一般公众或者社会团体提起环境公益行政复议的权利。部分公众和社会团体提起的环境公益行政复议案件因立法上对于利害关系人解释不明确，更多以不符合申请主体资格而被驳回（如图 13 所示）。二是环境行政复议属于行政内部监督，其非独立的设置使得利害关系人对于求助行政复议救济心存疑虑。❶ 整体上环境行政复议作为行政机关的内部监督机制，在专业性和效率性上具有优势，由于环境行政许可、不履行保护职责等具体行政行为的损害尚未发生，由于环境行政复议既可以审查行政行为的合法性，也可以审查具体行政行为的合理性，同时可以直接确认、撤销具体行政行为，并直接作出变更决定，因此，如果环境行政复议在申请人的主体资格上可以突破现行立法关于利害关系人的狭隘解释，在生态环境保护领域无疑可以较好地发挥其预防的功能。目前的行政复议制度尚未能应对日益复杂的环境社会问题，其解决行政争议的效率及功能还远低于预期。

（二）生态损害预防视角下环境行政诉讼公益诉讼的定位

环境污染和生态破坏的发生原因来自两方面：一是政府的环境行政违法行为（如违规的项目审批、排污行政许可等）或不作为（如未能及时地履行其环境监管的职责制止环境侵权行为的发

---

❶ 张立锋、李俊然：《环境行政复议制度的困境及出路》，《河北学刊》2012 年第 5 期。

生）威胁或侵害公民的环境权益；二是环境污染者和破坏者的行为有可能或已经侵害环境权益。我国现有的救济体制对于环境行政违法行为可以由检察机关、公民和社会团体提起行政复议或环境行政公益诉讼，以阻止可能的环境侵害的发生。从环境纠纷预防性原则出发，行政复议与行政诉讼在环境事务中的纠纷预防功能是我们在环境纠纷解决机制的设计中应当首要关注的问题，但却一直被忽视。整合现有的环境行政争议解决方式，对避免环境损害的发生无疑有着积极的作用，也是避免群体性环境侵权纠纷发生的治本之策。按照《环境行政复议办法》的规定："公民、法人或者其他组织认为地方环境保护行政主管部门的具体行政行为侵犯其合法权益的，可以向该部门的本级人民政府申请行政复议，也可以向上一级环境保护行政主管部门申请行政复议。"行政复议作为行政系统的内部监督，不仅可以审查行政行为的合法性，还可以审查行政行为的合理性并有权直接变更错误的行政行为。行政相对人也可以选择提起行政诉讼或在行政复议后如对结果不服提起行政诉讼，但我国法院没有权力审查行政行为的合理性，只能审查行政行为的合法性，通常情况下无权对错误的行政行为直接作出变更，只能撤销该行为要求行政机关重新作出具体行政行为，这就导致了很多纠纷陷入了无限循环中而长期得不到解决。特别是对那些没有停止执行的环境行政行为，撤销具体行政行为已经无法阻止实际损害的发生。

在当前明确了在各省高级人民法院设立环境资源审判机构的改革方向后，本着环境纠纷预防性原则、诉讼一体化原则和我国环境司法"四合一"专业化的改革方向，笔者建议借鉴瑞典环境行政复议与诉讼一体化的经验来设计我国的环境行政复议和环境行政诉讼制度。在行政相对人认为基层环保行政主管部门的环境行政行为存在违法情形，可能侵害公众的环境权益时，取消向本级人民政府的复议申请权，仅允许向上一级环保行政主管部门申请复议，如对复议结果不服可以直接向省高级人民法院环保审判机构提起环境行政诉讼。同时赋予行政诉讼与行政复议同样的可直接变更错误行政行为的权力，赋予法院在环境领域不仅可以审查行政行为的合法性，还可以审查行政行为的合理性的权力。这样的设计不仅可以简化救济路径、提高救济效率，还可以避免地方保护主义的弊端。如果是对地级市的环保行政主管部门作出的行政行为不服可以向省高级人民法院环保审判机构提起行政诉讼，由最高人民法院环保审判机构作为此种情况的终审法院。如果行政行为是由省级环保行政主管部门作出，当事人可选择向国务院环保行政主管部门复议，不服后向最高人民法院提起诉讼或直接向省高级人民法院环保审判机构提起诉讼，不服后上诉到最高人民法院。一体化的设计可将精力集中于对违法环境行政行为的审查。

如果政府的不作为行为只是威胁到公民的环境权益，适用环境行政违法行为的解决路径。如果政府的不作为已经造成了公益和私益的环境侵害（此种情况占大多数），此时，应允许任何公民和社会团体提起环境公益诉讼、允许私益受到侵害的众多受害者提起环境众益诉讼。按照《最高人民法院关于审理环境民事公益诉讼案件适用法律若干问题的解释》第12条的规定，法院在受理后应当在10日内告知对被告行为负有环境保护监督管理职责的部门。如果负有监管职责的部门通过行政执法行为禁止了环境侵害行为，阻止了损害的进一步扩大，则待解决的纠纷为针对环境损害提起的公益诉讼和众多主体针对人身、财产损害提起的私益诉讼。我国不同于美国、加拿大等国将通知政府履行职责的通知义务规定在诉前由起诉人完成，而是起诉后由法院来完成，体现了原告、法院和政府非控辩式、合作式的努力。如果负有监管职责的行政主管部门依然怠于履行自己的职责，当事人可以申请法院颁布禁令禁止这些行为或对环境行政违法行为提起环境行政公益诉讼。

（三）建立社会主导型的环境公益诉讼模式

2015年1月7日实施的《最高人民法院关于审理环境民事公益诉讼案件适用法律若干问题的解释》将我国环境民事公益诉讼的提起主体规定为法律规定的有关机关和在设区的市级以上人民政府、民政部门登记的社会团体、民办非企业、事业单位以及基金会等专门从事环境保护公益活动的诉前5年内无违法记录的社会组织。而环境行政公益诉讼的起诉主体目前只规定了检察机关。形成了国家型和社会型公益诉讼模式❶并存的局面，为我国环境公益诉讼提供了法律依据。但是公民个人并没有被纳入允许提起环境公益诉讼的主体范围之内。部分观点认为个人诉讼能力不足，难以支付高昂的诉讼成本，举证能力不足，难以与实力强大的污染企业相抗衡；个人缺乏相应的专业知识，对于隐蔽性较强的环境侵权难以了解和发现；公民对于与自己利益没有直接相关性的"公益"缺乏诉讼的热情。❷ 部分观点认为赋予公民起诉资格容易

---

❶ 有学者将环境公益诉讼的模式分为国家主导型模式和社会主导型模式两种。前者主要以检察机关、环境保护行政部门作为环境公共利益的代表提起诉讼；后者主要是以公民个人或社会团体为主体来提起诉讼的模式。参见潘世钦、潘小江、石维斌：《我国环境公益诉讼模式选择》，《青海社会科学》2009年第3期。

❷ 杨露：《环境公益诉讼司法模式的构建》，硕士学位论文，重庆大学，2014，第27页。

出现个人滥诉的现象，给法院带来更大的审判压力。❶ 笔者认为，上述原因都不足以否认公民的环境公益诉权。首先，公民是无可争议的环境权享有主体，权利是诉讼程序的基础，而程序作为实现权利的有效保障，如果不允许公民将自己是否拥有权利的真实状况表达出来以获得必要的法律和制度保障，权利就不具有实质的意义。❷ 其次，环境公益诉讼的主要功能侧重于对权利的保护与预防，救济方式主要是制止将要发生的或正在发生的环境侵害，防止损害的进一步扩大。而这样的预防功能在制度健全的国家是从环境行政执法的最初阶段自然延伸而来的。在联合国欧洲经济委员会发布的《奥胡斯公约》中，确立了政府为市民保护环境上承担的管理权力和义务，即公众环境事务知情权、公众参与环境事务决策权和接近司法正义的权利。其中公众是指个人、个人集合、法人和由此组成的协会、组织和集团。❸ 信息公开是公众参与监督的前提和基础，在明确环境信息公开的主体和具体内容的基础上，还应赋予公众主动申请公开环境信息的权利、参与环境决策的权利，并对侵犯公民环境知情权的行为给予行政或者司法的救济。美国、加拿大的环境公民诉讼的起诉主体包括个人和社会团体。而对于允许团体诉讼的国家，理论上在"团体不提起诉讼时，成员是可以提起诉讼的，团体享有的诉权属性，并不排斥其成员的享有，甚至在损害赔偿请求权的诉讼中，其诉权的获得尚

---

❶ 庹继光、李缨：《我国环境公益诉讼主体立法掣肘与破解》，《西南民族大学学报》（人文社会科学版）2012 年第 11 期。

❷ 吴勇：《环境权的程序保障与环境诉讼的更新》，吕忠梅主编《环境资源法论丛》，法律出版社，2010，第 155 页。

❸ 《奥胡斯公约》于 2001 年 10 月 30 日生效，到 2013 年 4 月它已经有 46 个成员，包括 45 个国家和欧盟。The Aarhus Convention: An Implementation Guide, Second edition, 2013, United Nations Economic Commission for Europe. Para 11.

需通过成员的特别授权"。❶ 同时,我国在环境行政执法阶段环境知情权、公众环境参与事务的决策权的主体均是公民个人,而非社会团体,为保持制度设计上的一致性,不应把公民排除在有权提起诉讼的主体之外。最后,法律规定的有关机关提起诉讼一般发生在环境民事公益诉讼中,而当破坏环境的实施者是行政机关,污染者或破坏者不愿意清除和消除污染,政府和其他行政机关不能或不愿意为受到侵害的公众给予充分的救济和保护时,通常提起的是环境行政公益诉讼,也是各国环境公益诉讼的主要形式。其本质在于公民以诉讼的方式参与环境保护管理,"保障环境法规的实施,提高环境法规的可执行性,将中央自上而下的监督转变为借助司法手段自下而上的监督"。❷ 个人和社会团体为主的环境公益诉讼模式应当成为主导模式,虽然部分欧盟国家基于成文法和诉讼文化的背景,仅选择了团体作为提起环境公益诉讼的起诉主体。❸ 但由于环境公民诉讼本质上是一种环境侵害的禁止权或者强制措施权。原则上对环境公益诉讼的起诉主体不应做过多的限制,其将环境公益诉讼的起诉权赋予公民个人而不仅是社会团体也符合公益诉讼的宗旨和环境保护的公众参与趋势。特别是我国环境社会团体发展未达到强大的阶段,扩大环境执法的监管范围是预防环境侵害发生的有效途径。环境只有通过预防型措施才能真正得到保护和改善,公民的广泛参与是环境权得到承认的重要

---

❶ 汤维建:《论团体诉讼的制度理性》,《法学家》2008 年第 5 期。
❷ 沈百鑫:《德国环境法中的司法保护》,曾晓东编《中国环境法治 2011 年卷(上)》,法律出版社,2011,第 217 页。
❸ 欧盟国家设立个人行政公益诉讼的较少,如葡萄牙、西班牙、斯洛文尼亚、爱沙尼亚。英国、爱尔兰和拉脱维亚则通过判例确立了个人提起环境行政公益诉讼的权利。参见陶建国:《德国环境行政公益诉讼制度及其对我国的启示》,《德国研究》2013 年第 2 期。

因素。因此在"环境法实施并由此实现共同利益中赋予公民以及依一定标准被认可的社团诉权,是对现代多极政治体系的及时回应"。❶

(四) 建构环境行政救济构造一体化下的我国环境行政公益诉讼

(1) 公益诉讼的社会基础。环境权益具有公益和私益的二元性,这也决定了环境法在实施上也对应存在公共执行(公共实施)与私人执行(私人实施)两种方式,对于自身的利益受到个体性危害或整体性危害的私人或社会团体通过参与环境决策、检举、告发和诉讼的方式实施环境法,都属于环境法的私人实施。它可以最快地发现环境违法行为并有效执行,减轻环境公共执行机构的负担,从而克服环境公共执行机构的失职与懈怠。其中诉讼是环境私人执行中的重要方式。长期以来我国是一个偏重公共执法的国家,通过行政执法、刑事执法来惩治违法行为,私人执法的空间比较小,未考虑调动私人与国家共同执法的可能性,私人在执法中的作用不受重视。❷ 在环境法领域上述特征体现得尤为明显。环境行政公益诉讼对于环境侵权纠纷的预防作用基本未得到发挥,是我国当前群体性环境侵权纠纷发生的重要原因。

由于环境权益的特殊性,环境立法采取了公法、私法的双重保护机制,在赋予公民个人环境权利的同时,也赋予行政管理机关对环境资源使用和监管的决策权,"行使公权力的行政机关与享有私权利的公民、法人在过去纯粹的行政法律关系之外又建立起

---

❶ 沈百鑫:《德国环境法中的司法保护》,曾晓东编《中国环境法治 2011 年卷(上)》,法律出版社,2011,第 211 页。
❷ 徐昕:《法律的私人执行》,《法学研究》2004 年第 1 期。

了一个新的法律关系即社会法律关系，以社会性公权与社会性私权的平衡、协调与制约为特征的新型关系。"❶ 这就要求诉讼程序的设计上要突破公权力和私权利程序保护上的分野，需要通过既不同于传统行政诉讼也不同于传统民事诉讼的形式来解决环境权这一社会性权利的程序保障问题。

（2）环境行政诉讼与环境行政公益诉讼的竞合。环境诉讼模式体系是由行政诉讼领域的普通环境行政诉讼、环境行政公益诉讼、民事诉讼领域的环境私益诉讼、环境众益诉讼和环境公益诉讼、刑事诉讼领域的环境刑事诉讼和非讼执行等不同的环境诉讼机制构成的有机整体。三大类诉讼状态中多种诉讼形式下的实体权利处理与程序运作呈现出既有冲突又有交叉融合的状态。当多元主体的诉权并存时如何协调，如何安排诉权的行使顺序，发挥他们之间的督促与互补的功能，如何使环境公益诉讼与众益诉讼在交叉融合的运行中并行不悖，为不同层面的环境利益提供充分而附有效率的司法保障，是合并后的群体性环境侵权诉讼制度要解决的核心问题。

首先，应完善我国的环境行政公益诉讼制度，使行政违法行为、行政不作为在环境损害尚未发生之时能得到制止。各国环境公民诉讼的设置既可以针对污染违法者，也可以针对政府的不作为。即包括环境民事公益诉讼，也包括环境行政公益诉讼，而我国环境司法实践中，更多地关注于民事公益诉讼，各地关于环境公益诉讼的规范性文件中，除了一般性规定外，有许多仅针对环境民事公益诉讼，而针对环境行政公益诉讼的则较少。如 2008 年无锡市人民法院、人民检察院联合颁布的《关于办理环境民事公益诉讼案件的试

---

❶ 吕忠梅：《环境法学》，法律出版社，2004，第 217 页。

行规定》；2010 年，昆明市人民法院发布的《关于办理环境民事公益诉讼案件若干问题的意见》；玉溪市人民法院、人民检察院联合发布的《关于办理环境资源民事公益诉讼若干问题的意见》等。2013 年《民事诉讼法》对环境民事公益诉讼进行规定后，更为突出。由于环境损害既包括个人性损害，也包括整体性损害，因此普通的环境行政诉讼中的权益受到直接影响的行政相对人在请求撤销行政违法行为或要求履行行政职责的同时已经在客观上维护了环境整体性利益。此时，不允许就同一行政行为再行提起环境行政公益诉讼。同时，法院在受理案件后应通知其他公益诉讼的提起主体，其他主体在发现公益保护不充分的情况下，可提起诉讼与普通行政诉讼中共同的事实和法律问题合并审理。如在普通环境行政诉讼中其他主体因环境行政不作为或行政违法行为提起损害赔偿之请求则需要单独审理，如图 12 所示。

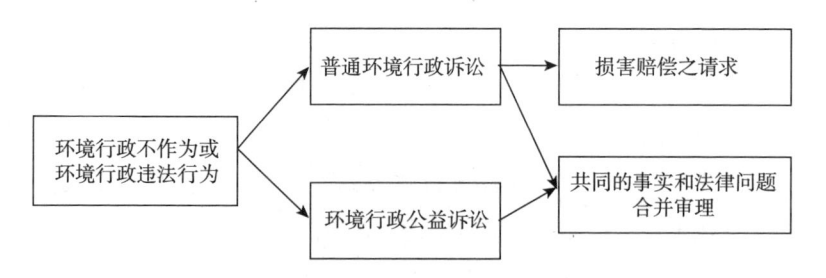

图 12　普通环境诉讼与环境公益诉讼竞合的处理

（3）生态损害预防视角下环境行政公益诉讼程序规则完善。

①放宽起诉条件，充分发挥环境行政公益诉讼的预防功能。根据现行《行政诉讼法》和相关司法解释，只有在环境行政主管部门违法行使职权或者不作为的行为，致使国家利益、社会公共利益受到损害时，提供初步的证明材料方符合起诉条件。《最高人民法院关于审理环境民事公益诉讼案件适用法律若干问题的解释》

第 1 条规定，对已经损害社会公共利益或者具有损害社会公共利益重大风险的污染环境、破坏生态的行为提起诉讼，不受《民事诉讼法》第 119 条第 1 款的约束，即原告不必是与本案有直接利害关系的公民、法人或社会组织，并允许在有公益损害之重大风险时即可起诉。环境损害具有不可逆行，环境行政公益诉讼是纠正错误的行政行为，避免环境损害发生的第一步，它不像环境民事诉讼和环境刑事诉讼一样通常提供的是事后救济。当破坏环境的建设已经开始的时候，提供接近司法正义的途径已经意义不大，因此及时纠正一个错误的环境行政行为非常重要。在起诉条件上，环境行政公益诉讼不应设置比环境民事公益诉讼更为严格的起诉条件，并且将其预防功能的发挥从起诉条件中排除。

②规范诉前程序中行政行为的判断标准。在检察机关提起环境行政公益诉讼这一制度中，诉前程序作为检察机关介入生态环境保护的前顺位制度，检察机关在对此类案件立案后，应当首先严格履行诉前程序，实现其化解矛盾的功能。在当前实践情况下，立法机关应当对检察机关在诉前程序中对行政行为判断的标准进行规范，平衡检察权与行政权的关系，给予行政机关纠正自身行为的指引。检察机关应当明确自身在诉前程序中的作用，切实发挥其在调查核实方面的优势，对检察建议所涉及的客观事实进行充分分析并进行合理的法律论证，以此来提高在诉前程序终结案件的可能性。

③形成统一规范的证据规则。检察机关在提起环境类行政公益诉讼的过程中，应该有明确的规范引导。在立法机关和检察系统内部要建立起一整套符合行政公益诉讼原则和目的的证据规则，这对于更好地完善行政公益诉讼制度具有重要意义。人民检察院在提起环境类行政公益诉讼的过程中，应明确有环境社会公共利益遭受损害或者具有遭受损害的危险性，具有保护的必要性和紧

迫性；被诉行政机关对被损害的生态环境公益有监管保护义务；检察机关已按照法律要求在履责过程中向相关职能部门发送检察建议督促其履行法定职责后其仍未按照要求履责的证据。与此同时，被诉行政机关应在行政公益诉讼中承担相应证明责任，如举证证明受损生态环境公益不属于自己管辖范围或证明自己的履职行为与生态环境公益被侵害无因果关系，其完全依照法律规定履行相应职责。

（五）明确对不确定法律概念的适用与审查

不确定法律概念是指需要运用科技专门知识或者采取评价的态度才能加以确定的法律概念。与生态环境相关的行政复议、行政诉讼或者行政公益诉讼往往涉及高度专业性的行政行为，如环境影响评价等高度专业性、技术性的行政行为，原告应就其主张的行政许可行为违法作出具体说明或提出初步证据，人民法院针对原告提出的疑点进行审查，否则要求法院对于环境影响评价涉及的各项技术规范进行逐一审查，技术上难以完成，也违背了司法权与行政权的分工。环境影响评估领域涉及大量的不确定概念，如"重大影响、轻度影响、重大利益"等，这些概念的解释与适用通常由独立的专家委员会进行判断。行政机关对法律的解释与适用是"一次适用"，人民法院在行政诉讼中对法律的解释与适用是"二次适用"。为给受到行政权力侵害的行政相对人提供救济，法院对于行政机关对法律中不确定概念的解释和适用具有审查权，然而非专业人士的法官不一定能够就专业问题作出比行政机关更为合理的解释和适用，对不确定概念的适用应予审查，但对属于判断余地的地带应给予尊重。如行政机关所为的判断是否出于错误的事实认定与错误的信息；行政机关的判断是否有违一般公认的价值判断；行政机关的判断是否违反法定的正当程序；作出判断的机关是否合法或者有判断权限；

行政机关的判断是否出于与实务无关的考量；行政机关的判断是否违反相关法治应遵守的原则。

三、公益、私益融合下的环境行政救济模式构建

长期以来我国是一个偏重公共执法的国家，通过行政执法、刑事执法来惩治违法行为，私人执法的空间比较小，未考虑调动私人与国家共同执法的可能性，私人在执法中的作用不受重视。在环境法领域上述特征体现得尤为明显。环境行政公益诉讼对于环境侵权纠纷的预防作用基本未得到发挥，我们应从纠纷预防的角度、诉讼一体化的角度系统地构建生态环境损害的环境行政救济制度。由于环境权益的特殊性，环境立法采取了公法、私法的双重保护机制，在赋予公民个人环境权利的同时，也赋予行政管理机关对环境资源使用和监管的决策权，这就要求诉讼程序的设计上要突破公权力和私权利程序保护上的分野，需要通过既不同于传统行政诉讼也不同于传统民事诉讼的形式来解决环境权这一社会性权利的程序保障问题，如图 13 所示。

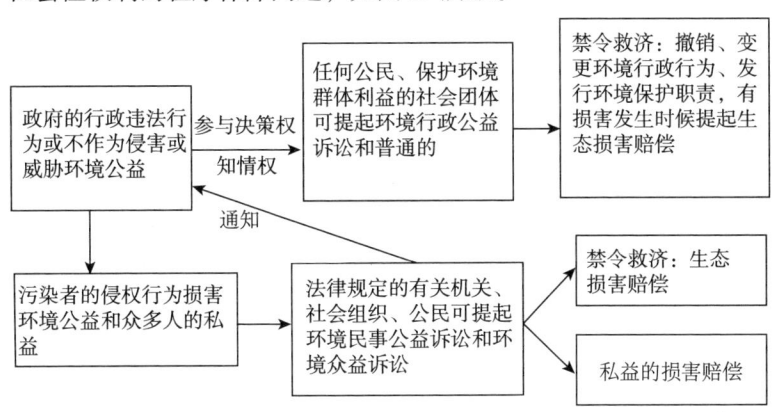

图 13　公益、私益融合下的环境行政救济模式构建

(一)"四审合一"环境诉讼模式下环境行政诉讼与环境行政公益诉讼的竞合

环境诉讼模式体系是由行政诉讼领域的普通环境行政诉讼和环境行政公益诉讼、民事诉讼领域的环境私益诉讼和环境众益诉讼和环境公益诉讼、刑事诉讼领域的环境刑事诉讼和非讼执行等不同的环境诉讼机制构成的有机整体。三大类诉讼状态中多种诉讼形式下的实体权利处理与程序运作呈现出既有冲突又有交叉融合的状态。当多元主体的诉权并存时如何协调,如何安排诉权的行使顺序,发挥它们之间的督促与互补的功能,如何使环境公益诉讼与众益诉讼在交叉融合的运行中并行不悖,为不同层面的环境利益提供充分而附有效率的司法保障,是要解决的核心问题。

首先,应完善我国的环境行政公益诉讼制度,使行政违法行为、行政不作为在环境损害尚未发生之时能得到制止。各国环境公民诉讼的设置既可以针对污染违法者,也可以针对政府的不作为,既包括环境民事公益诉讼,也包括环境行政公益诉讼。由于环境损害既包括个人性损害,也包括整体性损害,因此普通的环境行政诉讼中的权益受到直接影响的行政相对人在请求撤销行政违法行为或要求履行行政职责的同时已经在客观上维护了环境整体性利益。此时,不允许就同一行政行为再行提起环境行政公益诉讼。同时,法院在受理案件后应通知其他公益诉讼的提起主体,其他主体在发现公益保护不充分的情况下,可提起诉讼与普通行政诉讼中共同的事实和法律问题合并审理。如普通环境行政诉讼中其他主体因环境行政不作为或行政违法行为提起损害赔偿之请求则需要单独审理。

(二)环境民事公益诉讼和环境众益诉讼的竞合

环境民事公益诉讼和环境众益诉讼发生竞合的时候,环境民事公益诉讼的诉讼请求主要包括停止侵害、排除妨碍、消除危险、恢复原状、赔偿损失（生态环境受到损害至恢复原状期间服务功能的损失）、赔礼道歉。环境众益诉讼的诉讼请求主要是众多直接受害人提起的人身权、财产权受到损害的赔偿请求。在环境私益性损害尚未发生，仅存在威胁或可能损害环境利益的情况下，只能提起环境民事公益诉讼。一种情况是在环境损害已经发生，为了保护私人利益的直接受害人仅提起了损害赔偿之诉时，法律规定的有关机关和社会组织可以为维护环境公共利益提起公益诉讼，要求侵权者停止侵害、排除妨碍、消除危险、恢复原状、赔偿损失。此时，环境民事公益诉讼和环境众益诉讼的诉权并存。另一种情况是直接受害人提起了"自利利他型"诉讼，即众多的受害人除了要求侵害者进行损害赔偿外，还要求侵权者停止侵害、排除妨碍等客观上使包括自身在内公众受益的公益请求。原则上此时公益诉讼代表人无须另行提起诉讼。❶ 由于我国目前未赋予公民提起环境民事公益诉讼的资格，在需要提起针对环境生态损害的赔偿时，直接受害人将无法提起，同时还有可能出现其他环境公益保护不充分的情况，笔者建议，法院在审查受理阶段应当通知有权提起公益诉讼的主体该案件的情况和主要诉讼请求，以防止可能发生公益保护不充分的情况。如通过行政执法无法解决，公益诉讼的提起主体可以提起环境公益诉讼，法院可以将两诉中共同的事实问题和法律问题合并处理。借鉴德国的团体诉讼，社会团体不仅可以代表公益提起环境公益诉讼，还可以接受团体成员的授权，代表成员提起众益型的环境侵权损害赔偿之诉。此时，环境公益和环境私益的起诉主体统一于民间自治型的社会组织，

---

❶ 王皓月、李贺娟：《环境公益诉讼代表人与受害人诉权行使竞合探析》，《公民与法》2013 年第 4 期。

如图 14 所示。

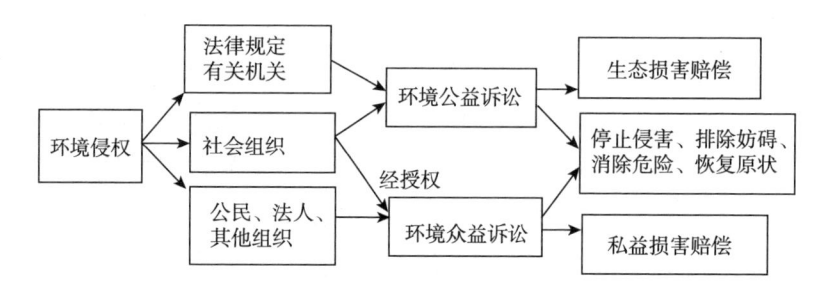

图14　环境民事公益诉讼和环境众益诉讼的竞合

(三) 司法关联交叉案件的程序规则

"四审合一"的诉讼模式能够促进三大诉讼程序在诉讼进程中的融合和司法审判的专业化，虽然部分要素不能相互取代，但大部分程序是相通的。在具体程序规则的设计上应坚持以彻底解决纠纷、提高诉讼效率为目标，根据当事人的申请来决定交叉案件的审理模式。❶ 英国教授贺嘉伦（Geraint Howells）根据是否在个人索赔之上存在概括的集体利益将群体诉讼划分为私人利益的群体诉讼和公共利益的群体诉讼。前者是由私人控制的诉讼包括示范诉讼、集团诉讼、代表人诉讼；后者是由第三方控制的诉讼，包括团体诉讼和公益诉讼。❷

环境污染作为一种公害，它的解决往往涉及社会公共利益和受害人双重利益的保护。即使是公共利益之外私益受损的主张在复杂诉讼中也形形色色。在法律体系更重视公共执法的国家，如瑞典、德国，环境领域的私人执法大多发生在行政公益诉讼领域，

---

❶ 杨凯：《"三审合一"审判模式建构中的问题与对策》，《人民法院报》2014年9月17日第8版。
❷ 钱颖萍：《瑞典群体诉讼制度研究》，中国政法大学出版社，2013，第25页。

如果纠纷预防完成得较好，环境民事公益诉讼和环境众益诉讼一般较少发生。同时也有利于纠纷的协商解决而无须诉诸法院，因为公共机构有相对较大的公信力，其有专业能力去调查相关证据，被告方往往在综合权衡各方因素后能够与对方达成停止侵权和对受害者给予赔偿的协议。从而避免了周期长、花费大、较为复杂的群体性诉讼程序。❶ 对比而言，在私人执法较为发达的美国，环境公益诉讼和私益聚集型环境众益诉讼较多，也创新性地发展了较为成熟的公益、私益融合的复杂诉讼的管理规则。完整的环境侵害救济机制，应当是私益诉讼与公益诉讼相结合。环境公民诉讼的产生是对传统公众参与决策方式的补充，通过公众成员的力量来促进法律的施行和遵守，为公众参与政府决策提供了新的途径。公益诉讼的诉讼目的在于民主监督政府环境决策，保护环境公共利益。诉前通知程序的设立，避免了一些本可以利用行政程序和企业的自我更正违法行为过程而解决的案件在法庭上浪费司法资源。环境众益诉讼形式的多元模式，给予当事人更多纠纷解决选择上的自由。而公益、私益融合的环境行政救济制度也需要在复杂诉讼的管理和环境公益诉讼、环境众益诉讼方面完善程序规则。

---

❶ 钱颖萍：《瑞典群体诉讼制度研究》，中国政法大学出版社，2013，第194页。

参考文献

一、著作

[1] 蔡守秋. 环境资源法学［M］. 长沙：湖南大学出版社, 2005：2.

[2] 徐祥民. 环境与资源保护法学［M］. 2版, 北京：科学出版社, 2013：2.

[3] 曹明德. 环境与资源保护法［M］. 2版, 北京：中国人民大学出版社, 2013：4.

[4] 周训芳. 环境权论［M］. 北京：法律出版社, 2003：141.

[5] 吕忠梅, 高利红. 环境法原理［M］. 上海：复旦大学出版社, 2007：2—3。

[6] 中国大百科全书编辑部. 中国大百科全书·环境科学［M］. 北京：中国大百科全书出版社, 2002：134.

[7] 尚玉昌. 普通生态学［M］. 北京：北京大学出版社, 2002：1.

[8] 邹雄. 环境侵权法疑难问题研究［M］. 厦门：厦门大学出版社, 2010：3.

［9］施维林，张艳华，孙立夫. 生态与环境［M］. 杭州：浙江大学出版社，2006：8.

［10］杨延华. 论具体环境行政行为［M］. 北京：中国环境科学出版社，1996：13.

［11］蓝文艺. 环境行政管理学［M］. 北京：中国环境科学出版社，2004：223.

［12］胡建淼. 行政法教程［M］. 杭州：杭州大学出版社，1992：28—29.

［13］应松年. 行政法学新论［M］. 北京：中国方正出版社，1999：235—236.

［14］宋功德. 聚焦行政处理：行政法上熟悉的陌生人［M］. 北京：北京大学出版社，2007：39.

［15］竺效. 生态损害综合预防和救济法律机制研究［M］. 北京：法律出版社，2016：63.

［16］柯坚. 环境法的生态实践理性原理［M］. 北京：中国社会科学出版社，2012：218.

［17］王明远. 环境侵权救济法律制度［M］. 北京：中国法制出版社，2001：18.

［18］苏永钦. 走入新世纪的私法自治［M］. 北京：中国政法大学出版社，2002：12.

［19］侯怀霞. 私法上的环境权及其救济问题研究［M］. 上海：复旦大学出版社，2011：136.

［20］胡保林. 环境法新论［M］. 北京：中国政法大学出版社，1992：315.

［21］［英］沃克. 牛津法律大辞典［M］. 李双元，译. 北京：法律出版社，2003：957.

[22][日]黑川哲志.环境行政的法理与方法[M].肖军,译.北京:中国法制出版社,2008:2.

[23]周玉华.环境行政法学[M].哈尔滨:东北林业大学出版社,2002:8.

[24]应松年.行政法与行政诉讼法[M].2版,北京:中国政法大学出版社,2011:328.

[25]李心鉴.刑事诉讼构造论[M].北京:中国政法大学出版社,1992:7.

[26]刘荣军.程序保障的理论视角[M].北京:法律出版社,1999:172.

[27]谭兵.民事诉讼法学[M].北京:法律出版社,1997:15.

[28]黄启辉.行政救济构造研究:以司法权与行政权之关系为路径[M].武汉:武汉大学出版社,2012:20。

[29]史玉成.环境法的法权结构理论[M].北京:商务印书馆,2018:5.

[30]庄汉.正义与效率的契合:以行政诉讼中暂时权利保护制度为视角[M].北京:清华大学出版社,2010:57.

[31]小早川光郎.行政诉讼的构造[M].王天华,译.北京:清华大学出版社,2010:226—228.

[32]王名扬.美国行政法(下)[M].北京:中国法制出版社,2005:28.

[33][德]平特纳.德国普通行政法[M].朱琳,译.北京:中国政法大学出版社,1999:80.

[34]尚玉昌.普通生态学[M].北京:北京大学出版社,2002:7.

[35] 吴贤静. "生态人"：环境法上的人之形象[M]. 北京：中国人民大学出版社，2014：126.

[36] 赵清林，彭代兵. 预防性行政诉讼研究. 上海：上海大学出版社，2017：8.

[37] 蔡志芳. 行政救济与行政法学[M]. 北京：三民书局，1993：115.

[38] 吴勇. 环境权的程序保障与环境诉讼的更新[M]//吕忠梅. 环境资源法论丛. 北京：法律出版社，2010：155.

[39] 沈百鑫. 德国环境法中的司法保护[M]//曾晓东. 中国环境法治（2011年卷（上））. 北京：法律出版社，2011：217.

[40] 吕忠梅. 环境法学[M]. 北京：法律出版社，2004：217.

[41] 钱颖萍. 瑞典群体诉讼制度研究[M]. 北京：中国政法大学出版社，2013：25.

[42] 夏凌. 环境纠纷处理中的公共利益：兼论法官的作用[M]//张梓太. 环境纠纷处理前沿问题研究中日韩学者谈. 北京：清华大学出版社，2007：74。

[43] 刘平. 行政执法原理与技巧[M]. 上海：上海人民出版社，2015：232.

[44] 胡晓军. 行政命令研究：从行政行为形态的视角[M]. 北京：法律出版社，2017：114.

[45] 环境保护部环境监察局：环境行政处罚办法释义[M] 北京：中国环境科学出版社，2011：27—28.

[46] [日] 棚濑孝雄. 纠纷的解决与审判制度[M]. 王亚新，译. 北京：中国政法大学出版社，2004：83.

[47] 冯露. 环境纠纷行政解决机制实证研究[M]. 北京：

北京大学出版社，2016：57.

［48］吕忠梅. 环境司法专门化：现状调查与制度重构［M］. 北京：法律出版社，2017：36.

［49］［德］施密特·阿斯曼. 秩序理念下的行政法体系建构［M］. 林明锵，等译. 北京：北京大学出版社，2012：109.

［50］陈慈阳. 环境法总论［M］. 北京：中国政法大学出版社，2003：31.

［51］蔡志方. 行政救济与行政法学［M］. 台北：三民书局，1993：115.

［52］王治卿. 集约型一体化管理体系创建与实践［M］. 北京：中国石化出版社，2010：102.

［53］辛帅. 不可能的任务：环境损害民事救济的局限性［M］. 北京：中国政法大学出版社，2015：118.

［54］薛艳华. 中国环境公益诉讼制度构造研究［M］. 北京：中国社会科学出版社，2021：60—63.

二、期刊

［1］解志勇. 预防性行政诉讼［J］. 法学研究，2010（4）：177—178.

［2］王湘军，邱倩. 大部制视野下美国独立监管机构的设置及其镜鉴［J］. 中国行政管理，2016（6）：145.

［3］青锋，袁雪石. 美国纠纷解决的体制机制及其借鉴意义［J］. 行政法学研究，2011（3）：123.

［4］高秦伟. 行政救济中的机构独立与专业判断：美国行政法官的经验与问题［J］. 法学论坛，2014（2）：149—154.

［5］张洋，毋爱斌. 论预防性环境民事公益诉讼中重大风险

的司法认定［J］. 中国环境管理, 2020（2）: 139—141.

［6］巩固. "生态环境"宪法概念解析［J］. 吉首大学学报（社会科学版）, 2019（5）: 73.

［7］吴会军. 环境法中环境概念初步分析［J］. 湖北成人教育学院学报, 2006（1）: 27—28.

［8］陈明义, 邹雄. 非处理性行政行为保障环境公共利益研究［J］. 东南学术, 2015（2）: 200.

［9］胡静, 姚俊颖. 提起环境公益诉讼是环境监管部门的新职责［J］. 环境经济, 2013（Z1）: 38.

［10］南景毓. 生态环境损害: 从科学概念到法律概念［J］. 河北法学, 2018（11）: 102—109.

［11］吴继刚. 环境侵权类型探析［J］. 山东师范大学学报（社科版）, 2003（6）: 119.

［12］徐祥民, 邓一峰. 环境侵权与环境侵害［J］. 法学论坛, 2006（2）: 9—12.

［13］吕霞. 环境公益诉讼的性质和种类: 从对"公益"的解剖入手［J］. 中国人口·资源与环境, 2009（3）: 56.

［14］杨凯. 从三起环境关联诉讼案例看环境公益诉讼之开端: 在私益与公益诉讼之间徘徊的环境权益保护司法救济模式之选择［J］. 法律适用, 2010（1）: 98.

［15］张锋. 行政救济初探［J］. 法学杂志, 1989（2）: 15.

［16］林莉红. 香港的行政救济制度［J］. 中外法学, 1997（5）: 33—41.

［17］谭金生. 信访、涉法涉诉与申诉之关系辨析［J］. 山西省政法管理干部学院学报, 2017（4）: 12.

［18］李冬梅. 健全环境纠纷行政救济机制研究［J］. 中国国

情国力，2011（1）：24.

[19] 谢玲. 生态损害行政矫正的概念厘定与功能界分 [J]. 重庆大学学报（社会科学版），2019（5）：189.

[20] 徐以祥. 论生态环境损害的行政命令救济 [J]. 政治与法律，2019（9）：83.

[21] 陈太清. 行政罚款与环境损害救济：基于环境法律保障乏力的反思 [J]. 行政法学研究，2012（3）：54.

[22] 于宏. 英美法上"救济"概念解析 [J]. 法治与社会发展，2013（3）：141—142.

[23] 段厚省，周恬. 英美民事诉讼中诉因制度的历史变迁 [J]. 东方法学，2008（5）：140—142.

[24] 聂玲，胡艳香. 我国环境侵权行政救济法律制度的缺陷与完善 [J]. 法制与经济，2008（6）：23—24.

[25] 黄中显. 环境侵权民事纠纷行政救济机制与司法救济机制的耦合：法社会学的分析视角 [J]. 学术论坛，2009（10）：176.

[26] 方印. 环境法上的公众权利：公众环境权范畴、类型与体系 [J]. 河北法学，2021（7）：17.

[27] 刘静. 论生态损害救济的模式选择 [J]. 中国法学，2019（5）：17.

[28] 王轩. 欧盟关于《预防和补救环境损害的环境责任指令》[J]. 国际商法论丛，2008，9（00）：407—408.

[29] 谭冰霖. 环境行政处罚规制功能之补强 [J]. 法学研究，2018（4）：151—154.

[30] 王小红. 重构我国环境行政裁决诉讼制度 [J]. 中国石油大学学报（社会科学版），2006（1）：79.

［31］钭晓东，奚潇锋. 论环境纠纷复杂化下的环境行政调解机制诉求及路径优化［J］. 环境与可持续发展，2021（3）：92.

［32］计洪波. 环境行政调解的法律依据、制度框架和法律效力［J］. 郑州大学学报（哲学社会科学版），2018（2）：36.

［33］程雨燕. 生态环境损害赔偿磋商制度构想［J］. 北方法学，2017（5）：85.

［34］董正爱，胡泽弘. 协商行政视域下生态环境损害赔偿磋商制度的规范表达［J］. 中国·人口资源与环境，2019（6）：151—152.

［35］石佑启. 论公共行政变革与行政行为理论的完善［J］. 中国法学，2005（2）：55.

［36］廖华. 生态环境损害赔偿的实践省思与制度走向［J］. 湖南师范大学社会科学学报，2021（11）：51.

［37］于文轩，孙昭宇. 生态环境损害赔偿磋商的属性界定与制度展开：以双阶理论为视角［J］. 中国地质大学学报（社会科学版），2021（2）：46.

［38］郭海蓝，陈德敏. 省级政府提起生态环境损害赔偿诉讼的制度困境与规范路径［J］. 中国·人口资源与环境，2018（3）：87.

［39］曹明德.《民法典》生态环境损害赔偿条款法理辨析［J］. 法律科学（西北政法大学学报），2022（1）：59.

［40］王小钢. 生态环境损害赔偿诉讼的公共信托理论阐释：自然资源国家所有和公共信托环境权益的二维构造［J］. 法学论坛，2018（6）：36—37.

［41］彭中遥. 行政机关提起生态环境损害赔偿诉讼的理论争点及其合理解脱［J］. 环境保护，2019（5;）：27.

[42] 王腾. 我国生态环境损害赔偿磋商制度的功能、问题与对策 [J]. 环境保护, 2018 (13): 87.

[43] 史玉成, 芝慧洁. 生态环境损害赔偿制度的构建与省思 [J]. 江苏科技大学学报 (社会科学版), 2021 (3): 87.

[44] 丁宁. 我国生态环境损害赔偿磋商制度的规范考察: 困境与出路 [J]. 党政干部学刊, 2021 (6): 23.

[45] 周婷婷. 生态环境损害赔偿磋商制度的构建 [J]. 广西社会科学, 2021 (10): 121.

[46] 李树训, 冷罗生. 生态环境损害赔偿磋商中的第三者: 功能与保障: 聚焦七省改革办法 [J]. 华侨大学学报 (哲学社会科学版), 2019 (4): 125.

[47] 孙佑海, 闫妍. 如何建立生态环境损害赔偿磋商协议的司法确认制度 [J]. 环境保护, 2018 (5): 31.

[48] 白佳玉. 船舶溢油海洋环境损害赔偿法律问题研究: 以"塔斯曼"海轮溢油事故为视角 [J]. 中国海洋大学学报 (社会科学版), 2011 (6): 12.

[49] 方印. 公众环境信息权整体入法的制度红利 [J]. 贵阳学院学报 (社会科学版), 2021 (5): 89.

[50] 陈开琦. 公民环境参与权论 [J]. 云南师范大学学报 (哲学社会科学版), 2010 (5): 65.

[51] 张小军. 论环境参与权 [J]. 环境科学与管理, 2006 (7): 19.

[52] 何苗. 中国与欧洲公众环境参与权的比较研究 [J]. 法学评论, 2020 (1): 140.

[53] 陈广华, 黄野. 论环境行政公益诉讼的人权保障功能及其实现 [J]. 江苏警官学院学报, 2018 (1): 31.

[54] 程雨燕. 试论责令改正环境违法行为之制度归属: 兼评《环境行政处罚办法》第 12 条 [J]. 中国地质大学学报 (社会科学版), 2012 (1): 31.

[55] 冯露. 环境纠纷行政解决机制的实证考察: 以 S 县环境监察大队为主要考察对象 [J]. 南京大学法律评论, 2010 (秋季卷): 142.

[56] 郝欣欣. 生态环境损害赔偿制度发展研究: 以生态环境损害赔偿与环境行政处罚关系为视角 [J]. 国土资源情报, 2021 (12): 5.

[57] 刘超. 疏漏与补足: 环境侵权解纷中进退失据的环境行政调解制度 [J]. 河南政法管理干部学院学报, 2011 (3) 56.

[58] 周健宇. 环境纠纷行政调解存在问题及其对策研究: 基于政治传统、文化传统的视角 [J]. 生态经济, 2016 (1): 203—204.

[59] 杨朝霞, 黄婧. 如何应对中国环境纠纷 [J]. 环境保护, 2012 (Z1): 66—68.

[60] 中国行政管理学会课题组. 群体性突发事件研究 [J]. 中国行政管理, 2002 (5): 203.

[61] 张金俊. 诉苦型上访: 农民环境信访的一种分析框架 [J]. 南京工业大学学报 (社会科学版), 2014 (1): 79.

[62] 陈海嵩. 论环境信息公开的范围 [J]. 河北法学, 2011 (11): 113.

[63] 贺桂珍, 吕永龙, 张磊, Mol Arthur P. J. 冯嫣. 中国政府环境信息公开实施效果评价 [J]. 环境科学, 2011 (11): 3140.

[64] 吴玫玫, 张振华, 林逢春. 基于 Internet 的企业环境信

息公开评价及实证研究：对 2006 年中国 500 强企业环境信息公开度的分析［J］. 中国人口·资源与环境, 2008（4）: 202—205.

［65］张立锋, 李俊然. 环境行政复议制度的困境及出路［J］. 河北学刊, 2012（5）: 157.

［66］滕宏庆, 艾力亚尔·艾麦尔. 我国环境行政公益诉讼制度的嬗变和路向［J］. 政法学刊, 2017（1）: 51—52.

［67］薛志远, 王敬波. 行政公益诉讼制度的新发展［J］. 法律适用, 2016（9）: 97.

［68］王惠, 于家富. 2018 年我国环境行政公益诉讼案例的实证研究［J］. 环境保护, 2019（15）: 47—51.

［69］贵州省高级人民法院. 探索集中管辖 推进公益诉讼［J］. 人民司法, 2015（23）: 23.

［70］徐胜萍, 曾佳. 论环境资源案件跨区域集中管辖制度的完善［J］. 华东师范大学学报（哲学社会科学版）, 2017, 49（01）: 121.

［71］江必新. 论环境区域治理中的若干司法问题［J］. 人民司法（应用）, 2016（19）: 5.

［72］林莉红. 论检察机关提起民事公益诉讼的制度空间［J］. 行政法学研究, 2018（6）: 57.

［73］成协中. 行政法平衡理论: 功能、挑战与超越［J］. 清华法学, 2015（1）: 41—42.

［74］王曦. 论环境公益诉讼制度的立法顺序［J］. 清华法学, 2016（6）: 105.

［75］刘静. 论生态损害救济的模式选择［J］. 中国法学, 2019（5）: 267.

［76］胡肖华. 论预防性行政诉讼［J］. 法学评论, 1999

（6）：91.

［77］郭庆珠. 预防性不作为诉讼：行政规划救济的路径选择：从城市规划中强制拆迁自力救济悲剧说起［J］. 内蒙古社会科学（汉文版），2010（4）：40.

［78］任沫蓉. 论我国引入预防性行政诉讼的具体类型选择［J］. 福建警察学院学报，2020（1）：101.

［79］王春业. 论检察机关提起"预防性"行政公益诉讼制度［J］. 浙江社会科学，2018（11）：56.

［80］罗智敏. 论行政诉讼中的预防性保护：意大利经验及启示［J］. 环球法律评论，2015（6）：159—164.

［81］郇庆治. 环境政治学视野下的环境信访问题［J］. 中国环境监察，2016（5）：14.

［82］罗豪才，袁曙宏，李文栋. 现代行政法的理论基础：论行政机关与相对一方权利义务的平衡［J］. 中国法学，1993（1）：55—56.

［83］李卫刚，赵珂冉. 行政协议识别标准的模式化研究［J］. 西北师大学报（社会科学版），2020（2）：103—107.

［84］唐瑭. 风险社会下环境公益诉讼的价值阐释及实现路径：基于预防性司法救济的视角［J］. 上海交通大学学报（哲学社会科学版），2019（3）：30.

［85］吴俐. 环境群体诉讼一体化研究［J］. 商业时代，2010（1）：74.

［86］徐刚. 环保法庭审判模式的规范化思考：以三审合一模式为视角［J］. 中国人口·资源与环境，2014（5）：111—112.

［87］刘萍. 我国环境民事公益诉讼模式的选择［J］. 湖北社会科学，2010（10）：145.

[88] 潘世钦，潘小江，石维斌. 我国环境公益诉讼模式选择 [J]. 青海社会科学，2009（3）：172.

[89] 庹继光，李缨. 我国环境公益诉讼主体立法掣肘与破解 [J]. 西南民族大学学报（人文社会科学版），2012，33（11）：96.

[90] 汤维建. 论团体诉讼的制度理性 [J]. 法学家，2008（5）：102.

[91] 陶建国. 德国环境行政公益诉讼制度及其对我国的启示 [J]. 德国研究，2013（2）：71.

[92] 刘水林，王波. 论环境公共实施与私人实施的结合与衔接 [J]. 甘肃政法学院学报，2011（11）：61，65.

[93] 黄锡生，段小兵. 生态侵权的理论探析与制度建构 [J]. 山东社会科学，2011（10）：63—64.

[94] 王皓月，李贺娟. 环境公益诉讼代表人与受害人诉权行使竞合探析 [J]. 公民与法，2013（4）：40—41.

[95] 胡苑. 论威慑型环境规制中的执法可实现性 [J]. 法学，2019（11）：152—154.

[96] 徐昕. 法律的私人执行 [J]. 法学研究，2004（1）：19—20.

三、外文文献

[1] Taratoot, "C. D. The Politics of Administrative Law Judge Decision Making at the Environmental Protection Agency in Civil Penalty Cases," *American Politics Research* 42, no. 1（2014）：114-140.

[2] W. N. Hohfeld: "Some Fundamental Legal Conception as Applied in Judicial Reasoning," *The Yale Law Journal* 23, no. 1

(1913): 29.

[3] The Aarhus Convention: An Implementation Guide. United Nations Economic Commission for Europe. Second Edition, 2013. P. 6.

[4] George Pring and Catherine Pring, Greening Justice: Creating and Improving Environmental Courts and Tribunals (Washington: The Access Initiative, 2009), P. xi.

[5] Korseland Lars Emanuelssonl, "Big Stick, Little Stick: Strategies for Controlling and Combating Environmental Crime" Journals of Scandinavian Studies in Criminology and Crime Prevention 2, no. 2 (Jan. 2001): 142.

[6] Per Henrik Lindblom, "Group Litigation in Scandinavia," ERA Forum 10, no. 1 (Oct. 2009): 13.

[7] Jan Darpö, "Justice through Environmental Courts? Lessons Learned from the Swedish Experience," in Environmental Law and Justice, ed. Jonas Ebbesson and Phoebe Okaw (Cambridge: Cambridge University Press, 2009), p. 6.

[8] Annika Nilsson, "Environmental Law," in Swedish Legal System, ed. Michael Bogdan (Stockholm: Elanders Sverige AB, 2010), p. 221 – 222.

[9] Jan Darpö, "Effective Justice? Synthesis Report of the Study on the Implementation of Articles 9. 3 and 9. 4 of the Aarhus Convention in Seventeen of the Member States of the European Union" (paper presented at European Commission Meeting for EU Environment, Brussels, Oct 11, 2013).

[10] Helle Tegner Anker, Ole Kristian Fauchald, Annika

Nilsson, Leila Suvantola, "the Role of Courts in Environmental Law – a Nordic Comparative Study," Nordic Environmental Law Journal 2, no. 2 (Dec. 2009): 18.

[11] Yaffa Epstein, Jan Darpō, "The Wild Has no Words: Environmental NGOs Empowered to Speak for Protected Species as Swedish Courts Apply EU and International Environmental Law," JEEPL 10, no. 2 (Oct. 2013): 255 – 251.

[12] Helle Tegner Anker, Ole Kristian Fauchald, Annika Nilsson,, Leila Suvantola, "the Role of Courts in Environmental Law – a Nordic Comparative Study," Nordic Environmental Law Journal 2, no. 2 (Dec. 2009): 18.

[13] Bjällås, Ulf, "Experiences of Sweden's environmental courts," Journal of Court Innovation (winter), (Mar 2010): 179 – 183.

[14] Preston, Brian J, "Characteristics of successful environmental courts and tribunals," Journal of Environmental Law 26, no. 3 (Mar 2014): 386.

四、报纸中的析出文献

[1] 鲍小东. 环境公益诉讼"里程碑式"破局[N/OL]. 南方周末, 2011 – 11 – 1 [2019 – 12 – 20]. http://www.infzm.com/contents/64292.

[2] 冯洁, 周琼媛. 跨国追索"康菲路"[N/OL]. 南方周末, 2012 – 7 – 12 [2019 – 2 – 5]. http:www.jnfzm.com/content/78463。

[3] 王金南. 实施生态环境损害赔偿制度 落实生态环境损害

修复责任：关于《生态环境损害赔偿制度改革试点方案》的解读[N]. 中国环境报, 2015 -12 -4.

［4］陈柳钦. 康菲溢油周年祭 为了忘却的纪念：康菲的傲慢与偏见［N/OL］. 中国能源报 2012 -9 -15［2020 -1 -20］. http：//www. china - nengyuan. com/news/38425. html.

［5］张亮. 康菲溢油：艰难的索赔［N］. 中国经营报, 2021 -2 -6.

［6］徐茂祝. 环保组织发布环境违法信息公开报告：省级满分，县区级或不足 40 分［N/OL］. 南方周末，［2021 -5 -6］. http：//www. infzm. com/content/119274.

［7］王玮. 生态环境行政复议案件有较大增长［N/OL］. 中国环境报, 2019 -3 -29［2020 -8 -9］. https：//www. cenews. com. cn/legal/201903/t20190329_ 896397. html.

［8］金煜. 环境公益诉讼，法院"不搭理"?［N］. 新京报, 2013 -6 -19（A21）.

［9］郄建荣. 法院准备聘任环保专家出任陪审员［N］. 法制日报, 2015 -1 -14.

［10］杨凯. "三审合一"审判模式建构中的问题与对策[N]. 人民法院报, 2014 -9 -17.

五、电子资源

［1］温潇潇. 山东 17 城均公开重点排污单位名录，信息公开指数全国排第四［EB/OL］.（2016 -9 -14）［2019 -7 -8］. http：//www. thepaper. cn/newsDetail_ forward_ 1528757.

［2］黄珊. 金沙江水电事件续：NGO 将提起环境公益诉讼［EB/OL］.（2009 -7 -30）［2018 -9 -7］. http：//news. sohu.

com/20090730/n265585428. shtml.

［3］李雨桦. 石家庄市民因雾霾起诉环保局并索赔为全国首例［EB/OL］. （2021 - 6 - 29）［2021 - 6 - 29］. https：//news. china. com/social/1007/20140225/18358651.

六、学位论文

［1］尹志强. 论民事权利在私法中的救济：从侵权行为法的涵摄范围和功能角度分析［D］. 博士学位论文，中国政法大学，2004：36 - 46.

［2］于宏. 英美法救济理论研究［D］. 博士学位论文，吉林大学，2008：20 - 33.

［3］刘莎. 水污染防治法中限期治理制度研究［D］. 硕士学位论文，苏州大学，2013：1.

［4］张丽娟. 美国环境行政执法合作机制研究［D］. 博士学位论文，吉林大学，2020：31 - 43.

［5］杨露. 环境公益诉讼司法模式的构建［D］. 硕士学位论文，重庆大学，2014：27.